資本論❸
capital

山本哲士 Tetsuji Yamamoto

知的資本論序説 intellectual capital

変換の知的資本　大学言説の限界

文化科学高等研究院出版局

知の新書
C03

目次

序 「知ること」と知的資本

知を転換する。これはいかになされるかを明らかにするのが知的資本論のタスクです。世界は大転換している、そこへ対応できる知的資本を明らかにします。

既存の知（近代知、大学言説）によってでは、もはや世界の大転換、現実それ自体を捉えることを対応することもできなくなっています。

転換／移行とは何かというと、大筋ですが、商品経済を資本経済へ、社会統治を場所統治へ、主語制言語様式を述語制言語様式へ転移することです。転換は、ただ実践するではなされません。その転換・転移とはどういうことかを「知る」ことが要されますが、意味されたことを真理としている既存の大学言説／大学知性では明らかにできない。言説を使って考え行為している、その知的資本の領有を転じないと、いかなる転移もなされない。ここが、ほとんど自覚されず既存思考のままのため、先が見えなくなっています。

知の転換は言説の転移・変換です。それには「概念転換」、「エピステーメの地盤転移」が要されます*。知の分類体系の転換でもあります。知は知識でも知能でもない。

『知的資本論』(本論)ではその理論世界がどうなっているのかを言述しています。『序説』は、これら転換・転移・移動を可能にする「**変換の知的資本**」をより明らかにしていきます。

* 近代のエピステーメは、人間／歴史を知の対象にし、人間学の哲学をもって、心理学・生物学、社会学・経済学、文学・文献学を「生命・労働／言語」の解釈学として、人文科学／経験科学を実定化の領域としている。この地盤を転じることです。拙書『新しい資本主義と企業／暮らしのイノベーション：資本経済と市場／知の転換』知の新書 B12、169頁。

変換がなされないようにしているものは何か、そして変換はいかにしてなされるか、それはどういうことであるかを示します*。が、知的資本は何よりも自分自身のことです。

「知る」とは何であるのか？　それは理解することでも認識することでもない。持ちえていなかった知識を新たに獲得所有し蓄積することでもありません。

人は、「知る」という意識や自覚もなく、物事を知っている。そして、知っていることを知らないでいたり、知らないでいることを知っている。分からない状態にあるということも知っている。多くは、自分が自分で知らないことを語っている。また語られていないことがあることを知っている。語る、分かる、と「知る」ということは連続していない別ごとであるのに、同時になされています。

大学を卒業して、物事を知る手立てを自分で持ちえていると多くは思っている。大学を出ていなくとも、学歴者以上に、物事をよく知っている人たちがいます。なまじっか知っているために、不測の事態に直面したとき、見当違いのことをしたりする。知っているがゆえに失敗するのです。知ることで問題解決にならないが、知らずしては問題に直面することもできません。自分のことなのに知らずに通り過ぎていることが無数にあります。だが、やっていけている。手持ちにそれなりの知的資本を所有しているからです。しかし、その知的資本だけでは物事が成り立たない、うまく行かないことが多々ある。

* 私の理論を実際に活用して成功している方達がいる。私の理論によって混乱し始めた方達がいる。さらにいくら説いてもわからない方、拒絶する人たちがいる。実際に起きていることです。そこから「変換の知的資本」の場所＝穴があることを見つけ出した、この序説です。かかる方達へ関わる自分のことです。

ここでは、知ることを「知的資本」として考えます。それは、既存の知識やすでに知っていることを、別の思考や知る仕方へ転じることがいかになされうるかを掴むためです。世界が大転換している現在、その環境変化が進む中で、経済活動や政治行動において既存の知っていることでは対処できなくなっています。新たな思考技術が要される。それはいかなるものであるのか、いかに既存の仕方を変換しうるのか、その意味と仕方・作用を自分へ明らかにすることです。

知を働かせている力能や技術を動かしているものを「知的資本」と括ります。言動を規制している知的資本があるのです。物事を遂行させたり妨げたり、その結果成功したり失敗したりする。個々人が領有している知的な資本が機能しているのです。それは、物事を知覚し認知し認識し意識し行動する、という次元ではない別次元で機能しています。意識・認識していることでは、現実や他者や自分自身、世界を知っていることにはなっていない。

知 savoir はこの世界そのものの総体で、多様であり、膨大です。知は言説 discours からなっています。言説は、諸対象を示す言表 énoncé（語られてあるもの）群から構成され、概念 conception へ組み立てられ、実際的に論理立てられ、実際行為 pratiques を規制しています。人々は言説に従って言動をなしている。意識や認識や実践以前に、すでに言説があり、知が働いている。ですが、そこへの自覚は、日常生活ではなされません。経験上で知ったことを、その手持ちの範囲で考え行為しているとき、言説に従っているのですが、それを~学だとは意識せずに自分の考えだとして使っています。例えば、体の調子が悪いと医者にいき診断を受け治療を受けますが、医学を知っていないが医者の行使する医学言説に従って、治療を受け薬を飲み病気を治そうと、医学言説を実際行為しているのです。そのとき、自分自身で「癒す」自律力を喪失させられています。企業で仕事しているとき、資本主義の言説に従って様々な経済活動をなしているのですが、資本主義を意識し認識しているわけではない、しかし為すことを知っていて労働しています。

人は語ること以上のことを知っているが、それを知らないで為している。経済界ではこのままではダメだと感じ知っているが、どうしたならいいかを知らないまま、限界をもたらした既成の仕方から脱せないままで考え行動している。既存の思考は社会に普及している「大学言説」をほとんどが使っています。そこから脱せないでいるため、実践や具体化が既存の枠から出れないでいる。そこで、知の可能と不可能とに直面しています。今までの経験則ではたちいかなくなっている事がますます増えてきています。

知ることの可能と不可能とを知っていく、それが知的資本の基盤である「知る—為す savoir-faire」ことです。自分が何をしているのか、何を為せるのか為せないのかを知ることです。哲学的な形而上学をここで論じるのではありません、実際になしていることを明らかにします。

もっと、はっきり言うと、知の転換を為すことを明らかにすることです。

現在の近代的・産業的な秩序とその知の秩序を守り再生産し続ける知的資本がある。

その限界や不確実性を批判し、かわって新たな世界を作る知的資本がある。

この旧状態を新状態へ移動すべく、知を転換する知的資本がある。

既存の商品の経済資本世界に対して、文化資本がそこに作用していることを浮きだたせ、日本の文化資本を活用した資本経済・場所環境を設計することを私は提起し続けていますが、それをなせる知的な思考技術を明らかにしたのが「知的資本論」です。


そのとき知的資本は情緒資本とともに、共時的な対象として論じられねばなりません。双方が、文化資本を稼働させる軸になります。この二つは、他の諸資本においても軸になることですが、とくに文化資本においては決定的に重要です。両者ともに、性的資本から疎外される、「性関係がない」ものとして資本作用しています。知ることは知ることの不可能を知ることで「真に」知的資本となり、「エモーション」は知ることができないものとして感じることが知れるときに情緒資本となっています。その実際の作用を明らかにするのが、知的資本論と情緒資本論（情動、感情、感性を含む）です。

『知的資本論』においては、概念転移、エピステモロジー配置、そして言説間関係、の意味を根源から論じ、知の可能世界を開いています。その上で本書＝序説は、「知る savoir」

ということの意味を、知る不可能からより根源から探ぐり直し、実際に活用すべく「変換する知的資本」を明らかにします。フランス語の〈savoir〉とは、「知る」であり名辞として「知」でもある。これは「知識」ではない（英語では〈knowlede〉に一元化されるため「動き」が喪失され多くの誤認が生まれている）。それには、言語 language と知 savoir と言説 discours の違いを、さらに話し言葉 verb、言語構造 lange との違いとともに、しっかり了解することが初歩的に要されます。理解（知識所有）ではなく了解（自分への領有）することです。さらに真理 vérité と真実 vrais とは違います、それは「知る」ことにおいていかなる作用を受けているのかを明証にせねばなりません。「語る」ことが書くこと以上に根源です。

知的資本の軸でありかつ地盤は「言語資本」です。言語資本の変換 transfert がすべての地盤であり道標となります。ですが世の知的資本マネジメントでは個人の知力だと矮小化されてます。

産業社会経済において使用されている諸概念を転移・転換すること。

近代知のエピステーメに変わって新たなエピステーメへの地盤転移をなすこと。

大学人言説の支配的な流通に対して分析言説の働きをなすこと。

それを知的資本にて可能条件へと論述してきたのも、思考されていないことによって、経済、政治、文化が機能停止状態へと滞留して、目的に反する逆生産さえ生み出し初めている、この現実性から脱するためです。

序説は、後に書かれるのも、基本了解がなされたことからの産物です。これは本論への反証的考察、つまり「知る」ことの謎、「知の不可能」を知ることをまず開くことが要されます。知の不可能を知らずして知の転換の可能は開けないからです。「知らない」のではない、「知ることができない」ことを知っておくことで、《変換の知的資本》は機能していきます。そして変換させない構造を明らかにして、変換する知的資本の機能を、新たな言説を生産していくように開いていけます。

知の不可能へ

一般的に、「知」とは、科学に裏づけられて確かなものとなり、完全な伝達がなされるという理想に置かれ、現実に役立つよう使われ適用されて物事を可能にしていく——そう思い込まれています。人は何事かを知ると、謎や疑問から抜け出せて、知の権威が確立されて、議論の余地がないものとなり、それが全ての人に押しつけられる正しい「真理」であるとされている。「知ははっきりと示されるものである」(=知は分節化される)というのが、知的で理性的だとされる。それはパロールによって言われたことによって確かなものになる。ひとたび知が獲得されれば、従体 sujet/subject(「主体」と誤認されている)はその恩恵を享受でき、自らの利益のためにそれを利用できると信じられています。

さらに、「全ては知りうる」と仮定されて、知ることは物事の中で至上の位置を占めるとされる。知らないことは、愚かであり、怠慢であり、恥ずかしいことであるとさえされている。知識獲得において、子どものころから成績評価されているためです。

そうなのであろうか？　つまり、知/知ることは可能なのであろうか？

近代学問体系を転移すべく挑戦してきた私の論述・思考は難解だとずっと言われてきました。難しさへ読者を挑戦的に牽引するのではなく、読者の方へ降りて「わかりやすく書け」という既存出版社の要請に嫌気がさし、自分で出版社を作りいっさいの妥協なしに思考を展開し、言説を理論生産してきた。でなければ実際現実に直面できるための知の転換などなしえないからです。世界の何人かがはっきりと言明していますが、わかりやすくするのは誤魔化しです、騙しです。ところが、二〇二三年ごろから急に、私の言うこと、パロール＝語りが読者や聴衆に届くようになってきた。何かが起きている。

知的資本論において、私はラカンの四つの言説を検討し、大学言説や科学言説の知的な限界を論じ、分析言説が真正な思考を切り開くことを示しました。この言説了解と活用には知ることの高度さが要される。それは、まだ見出せていないシニフィアン（意味するもの）を見つけ出し名づけて理論生産していくことだ、と述べています。

そこには、「話された知 savoir parlé」という範疇 notion が導かれ、ラングの中にその棲家があるのですが、知と呼ばれるものが作られるには、諸シニフィアンの総体だけでは十分でなく、知は享楽の水準に位置づけられ、知は享楽される、ということがまだ十分に考えられていないことが残っています。享楽とは身体との関わりにあるものです。

「知、それこそが謎である le savoir, c'est une énigme」* とラカンが言った、それがまだ私にとってしっかりと考えられていない。知の転換を為していながら、しかし知の作用においては、まだ既存のまま「知れば力になる」としてあるままです。「話す存在」にとって、「知とは分節化されるものである le savoir est ce qui s'articule」ということですが、そこにシニフィエの罠がかけられている。知的思考は諸事物を分節化してきて存在へと集中化させてきた、それは何ものかの「それ ça」(＝シニフィエ)にあるというだけで、「それ ça ―シニフィエ」が語られる限りにおいてしか知らない、という状態になっています。それ＝シニフィエが話すのは、「それらについて est-ce d'eux」であり、ランガージュはコミュニケーションに用いられる、と一般に言われてしまう。ですがそこには、言われていないもの、名づけられていないもの、語ることのできないものが膨大にあります。大学言説や科学言説によってでは語られえていないものが現実界にあるのです。つまり「現実界の不可能」がある。

知の領有、シニフィアンの発見が万全な解をもたらす、と言っているように知的資本論が理解されてしまう恐れが残っている。それはシニフィエへ還元されてしまう理解の仕方

* Lacan, Encore, Seuil,1975, p.125.

【註】シニフィアン signifiant ＝意味するもの
　　シニフィエ signifié ＝意味されたもの
この関係は一義対応しません。

です。私の論述がシニフィエとして理解されていくとき、それはもう私の言述ではない。

「情報伝達はシニフィアンだけで十分である」が「知にとってはシニフィアンだけでは十分ではない」、「シニフィアンは知の必要条件であるが十分条件ではない」とコレット・ソレールでさえ言ってしまう*、そこに、「それ ça」がもう忍び込んでいる。ラカンの先述の箇所の邦訳も、シニフィエが掴まれることが大事だと提起しているようなニュアンスで訳されている。そうではない、シニフィエしか掴んでこなかったように理解されてきた長い知の歴史が、「知の謎」を忘却していることを言っています。ソレール書の訳の解説論稿では「非シニフィアン情動」なる言表さえ提示されてしまう。非シニフィアンではない、シニフィアンとして見つかっていない名づけられていない〈対象 a〉があるということが、わかられていない。大学言説知性のままだからです。実際世界でシニフィエなき情動シニフィアンが表出されている。そして変換・転換への「不安」は対象を持っていないのです。

ラカン自体が言っていることが、シニフィエ理解に絡めとられているだけで、根源的に了解されていないのも「それ」=シニフィエの罠です。「ララング」と配備されたことの理解がずれて転倒理解されてしまう。既存の大学人・大卒知性にとって、私の言述はわからないとされるのは、彼らにとってそれはララングであるからです。つまり本源的なものが了解へのせられていない。私の知的資本論も、「それ」の侵入によって了解水準が別の

* Colette Soler, *Les affects lacaniens*, PUF, 2011.(AL).

ところへとずれてしまう。「了解」が「理解」へ転じられ、「知ること」との間において、様々な次元を生み出してしまう*。これは、解釈の違いの問題ではなく、「知の謎」の本質的な問題です。異なる概念空間の間での相互了解の不可能さの問題です。

知ることが重要だとしながら、しかし知ることが不可能なことがありうるし、知ったことの不十分さや知ることでの喪失さえありうる。ですが、『聖諦の月あかり』で、私は知的思考だけでは不十分であることを、情緒資本の可能性を開くべく示唆しました。「知の謎」を解き明かさねばなりません。知の不可能さを「知る」ことを知っていかねばならない。現実的なものはあらゆる真実らしさに対するアンチノミーとして定義されます。それは現実界が真なるものになることはありえないという意味です。

知的資本が知的資本として意義ある使用・活用・作用になる上で、不可避の省察です。

真理の場所

話す者が言ったことすべてに対して真理を与えるのは、想幻化の真理権力である、と私は考えます。現実界は歴史の可能な従体化に対して限界を作りだし、信じられなさを生み出しているのです。享楽は、信じられなさや非再認 non-reconnaissance を引き起こす。ゆえ変換・転移の端緒が切り開かれます。再認のままでは変換は起きません。

*「理解 comprehension」とは、理解すると信じることだが、他者の**要求**することに応えていると知っていること、他者の要求に応えることができると信じている度合いにある、そのとき、我々は理解の感情の中にある。(S.VIII, p.238-9)
「了解」は、他なる対象の、自分の自分へのとりこみ。要求対応ではない。

真理を信じることは、シニフィアンの欠如が支えています。シニフィアンが挫折することにおいて、何かを〈言う〉ことができる。ここが大学言説では分かられていない。シニフィアンが本質的に見出されることが重要ですが、シニフィアンがすべてではないというのは、〈シニフィアンの場所〉があることを意味します。知と言葉と享楽の身体との関わりが、そこに問題提起されていく。ここでの「知の謎」をラカンは、「ララング」として配備しました。ラングとなっていないランガージュの動きです。いや、ランガージュとなっていないランガージュが、「不可能な知の形式」が、ないものがあるとして、外存在のメタ・ランガージュとしてどこかへ向かってしまうのです。知られえない存在関係があるのです。<non-savoir-fair>に関わる真理がある、とラカンは言います。「非-知でなされること」です。非-知の場所に真理がある。

「私はそのことを知らずに話している」、「私は常に私がソレについて知っている以上のことを語っている。」(『アンコール』214頁)

ラカンは、そこに分析言説の「主体という語の意味」に辿りつくものがあり、「話していると知らずに話すものは、私を「私は」に、動詞の主語にする」と訳書(同頁)。もう、この「主体」という訳語言表を置いた途端に、了解はずれています。<sujet/subject>とは、「従」体です、そこに従っている状態の出現です。「主体」とすると、どこか別のところから主体＝私がやってくるかのような概念空間が暗黙にラカン世界とは別に設定されてしまう。「ソレは私を存在させるのに十分ではない」という意味が、ソレの不十分さのように解されている。そうではない、ソレに従うこと自体が不十分なことでしかない、という意味です。この微差が、ラカン理解を深めるとき、必ず襲ってくるのですが、こちらの概念空間を転移していかないと、ラカンをラカンではないもの、つまり物事をシニフィアンにおいて掴むべきことを、シニフィエにおいてつかんでしまう。テクストを読んでいながら、テクストで書かれていないことへと理解してしまうのです。知的資本の分岐です。ソレを、ほとんどが（訳者も解説者も）「知らないで」知っているかのように解してしまう。これは、学問上の了解のことだけでなく、実際現場での実際的なことです。ソレールがミレールと分裂したのも、そこが根拠であるとも言えますが、どちらが正しいかのシニフィエ裁断の問題ではなく、シニフィアンをいかに活用していくかの問題です。ソレールが非常に卓越していながら、ぽろっとずれてしまう、そこに本質的な問題の穴があります。ミレールは、ラカンとは異なる領域へと移行してしまう。ラカンを知る、了解する、ということそれ自体が、「知る」ことの不可能さを知らしめてくれます。

　とっぱなからややこしくなっていますが、知とは厄介なものなのです。知ることは、生やさしいことではありません。

思考の場所

こうしたことを、知の両義性だと記号的に誤魔化してはなりません。知の本質へと迫っていくことが要されています。近代思考で「表／裏」のように対立的に配置されるものは、メビウスの帯において、表も裏もないようにトポロジー配置していかねばならない。対象の関係も思考の仕方も、異なることが可能であるのを、私はいつもメビウスの帯でもって物質的なエビデンスとして示しています。抽象ではない、物質的にありうるのです。

これを、私は次ページに示すよう、X図は主客〈分離〉の世界、Y図は主客〈非分離〉の世界と、対比配置します。「分離の思考」と「非分離の思考」との違いです。これは、両立不可能の世界ですが、置かれる場所が違うからです。Xは円柱的な円、Yはメビウスの帯に置かれます。元は同じ帯であるのに、両立不可能な物として出現される。

そこでは思考の仕方が異なる。概念世界が異なる。考え―為すことが違ってくる。実際世界の組み立て方、経済の仕方も、仕事ワークの仕方も違ってくる。そこにおける知的資本が違う事になるからです。知的資本とはいかなる作用であるのかを解き明かしながら、私自身が知的資本をいかに働かせているかにおいて一つの規準作用を示しながら、本論での地盤固めの了解へのガイドをつけていきます。それが序説のタスクです。

Y　メビウスの帯

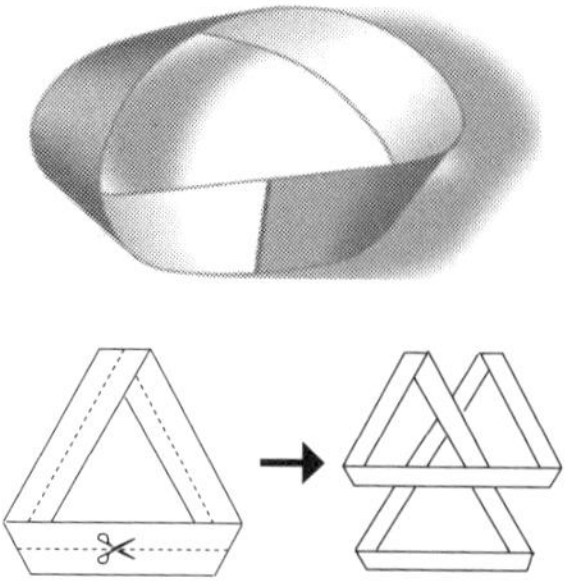

知的資本Ｙ：**述語制**
非分離の知的資本
分析言説の知的資本
場所の知的資本
資本経済の知的資本

X　普通の帯

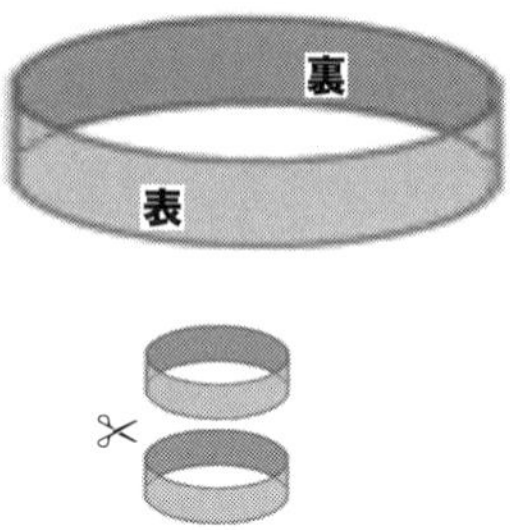

知的資本Ｘ：**主語制**
分離の知的資本
大学言説の知的資本
社会の知的資本
商品経済の知的資本

まず、「メビウスの帯」の思考技術へ：二つの異なる知的資本

初歩です、出発点です。

Ｘの普通の帯は「表裏」が区別されます。この思考は大小、上下、高低など経験的な二分法で、正／反、正しい／間違い、という判断識別から、善／悪、美／醜、真／偽という形容的、倫理的・論理的な識別裁定にまで活用されていくものです。認識論的に言うと、「主体と客体の分離」という近代二元論であり、それはこの帯のように物的明証さを有しているゆえ、経験的にそのまま受容されうる一般的な物事の見方であり考え方になっていますが、近代的認識として固定されていることです。

Ｙのメビウスの帯は、帯上で鉛筆で面を辿っていけば元の出発点に戻る。つまり両面はない、一つの面でしかない。Xの対立的な区分は「ない」ということです。裏表があるように見えるがその区別は不可能である、という裂け目 coupure です。真は偽であり、偽も真である。というより、真偽の区分に意味はない*。最善は最悪だ、という倫理になります。これを、私は「非分離」の物的な表象だと考えます。近代思考はこれを偽りとみなすのもXの立場・視座から見ているだけで、Yの実際的・現実的な物的実在を見ていない、知ろうとしない。同じ帯なのに一ひねりしている違いで、世界がまったく変わってしまう。YはXを見ています、無視していません。

思考の知的資本は、Xの界に立つのかYの界に立つのかの違いとして「ありうる」ということです。これを

知的資本X：主語制の知的資本　分離の思考

知的資本Y：述語制の知的資本　非分離の思考

とまず言語様式として対比させます。西欧言語は主語＋述語の命題構文ですが、日本語に主語はない。そこから識別しています。ここからXで考えられえていなかったことを、Yにおいて理論生産していくことが、新たな知／言説の生産、知的資本の形成である、となります。すでにあるのですが哲学的に理論化されていません。

XのYへの移動において「**変換の知的資本Z**」をさらに配備させます。この「変換の

*「真偽など文字でしかない。」AE の Radiophonie では、'Un seul savoir donne ladite effaçon: la logique pour qui le vrai et le faux ne sont que lettres á opérer d'une valeur.'(p.427), ですが、STAFERLA 版では、'Il n'y a qu'un savoir á faire la mediation du vrai, c'est la logoque, qui n'a démarré du bon pas qu'á faire du vrai et faux de purs signifiants, des lettres, ou comme on dit:<des valeurs>.'

知的資本」は目に見えませんが、実際には語られ作用し本質的なものが現れています。

Xの帯に鋏を入れて横断的に切ると二つの帯に分離します。だが、Yの帯に鋏を横断的に入れたなら一つのねじれた帯にしかなりません。

「切る」＝思考すると、その結果・効果が異なるということです。私がなしてきた思考を、現実性がない、具体性がないという批判ないし非難に対して、私は常にこのメビウスの帯の明証性と物的具体の可能性として例示してきました。エッシャーが、これを絵に描いているのはよく知られてます。階段をぐるぐると回っているだけで、登り切ることも降りることもできない。蟻は帯の中をぐるぐる回り続けるだけです。ここに、メビウスの帯なるものが物的に可能であるということ、そしてそれ自体から出ることができない、という不可能が同時に配置されてます。知の不可能、知の謎、そして現実界の不可能なる問題が、まだ考えられていないまま残されているのです。

物体と思考とは別だ、というのも近代思考に他ならない。物体／物事 choses と象徴体系との間で思考はなされます。現実界は象徴界へ転移 déplacement されるとき、自分＝私も転移されているのです。

さらにトポロジー的空間として、メビウスの帯二つを貼り合わせた「クラインの壺」――水をそそいでも貯まらずに出ていってしまう。コップとまったく違う。さらにお椀上にメビ

エッシャーの絵

クロス・キャップ

クラインの壺

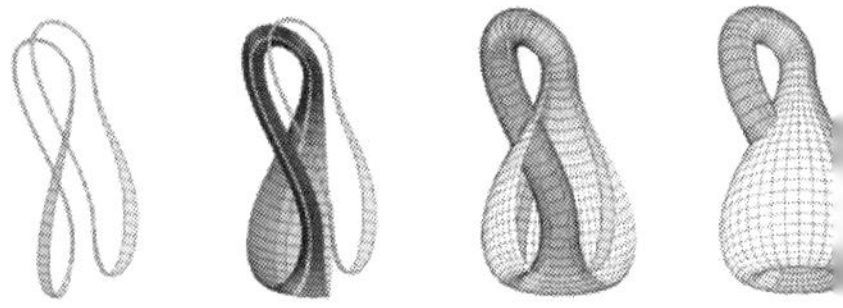

ボロメオの輪

ウスの帯を貼り合わせた「クロス・キャップ」なる、奇妙な立体空間がある。こうしたマテームを使って思考するのですが、数学的にそれは正しいかどうかと吟味する人たちがいる。数学に一義的に真偽を定めていくのも粗野な既存の近代思考です。私はラカンを参照しながら、これらのトポロジー的空間配置を、分析思考のツールとして実際世界を考える際に使います。クロス・キャップは国家論において使った*。

さらに、「ボロメオの輪」があります。三つの輪の繋がりが基本です。一つが切れると全部ほどけてしまう。後で述べますが、実際世界を考えるときに実に有効です。考えが正しいかどうかではない、有効に使えて意味あることを産出できるかどうかです。それが知的資本作用の意味です。知的資本Xは、物質的科学技術、商品経済、社会設計で実際に使われてきました。そこの現実的限界にあるとき、知的資本Yの働きをもって、生命的非分離技術、場所統治、資本経済など新たな世界を切り開いていくことが思考かつ実際化されえます。

* 山本哲士『私を再生産する共同幻想国家・国家資本』EHESC出版局。粗野な三角形で国家を図示する仕方より遥かに国家なるものへ接近できる。

知的資本

知的資本とは、基本、言説を使う思考技術の作用のことです。物事を考えたり、分析したり実行したり行為するときに、思考が働かされる。その知の意味力と作用です。個人の知力・知能ではない、知自体の言説の働きです。

思考は、知／言説をもってなされます。様々な理論や哲学や科学が形成してきたものです。それは、個々の思想家や科学者を超えて編成されているエピステーメ（認識体系）の地盤の上に形成され、諸学へ分節化され、実定化されています。このエピステーメは歴史変遷において転じられていきます。その基本構成は本論にて述べてある。知・言説が知的資本の実質を規制しています。言説理論を批判する者も、その批判を可能にする言説に依拠している。知は言説行為《プラチック》されているのです。

かかる知的資本の言説は、**対象、概念、方法、理論・論理、さらにテーマ戦略**によって織りなされています*。いかなる対象を設定し、いかなる概念を使い、いかなる方法・論理・理論によって考えるかで、その遂行の仕方も効果・結果も違ってきます。

誰でも、知的資本を行使している。それは個人＝話存在を超えて機能しています。個々人は知らずに領有されて、知っていると知らずに話しているのです。この知による知的資本を自らに明らかにすることによって、使い方に様々な変化や転換がなされます。

* Foucaul, *L'archeologie du savoir* ,Gallomard, 1969. (AS) から。
邦訳書は、二種類ありますが、どちらも粗雑です。原書にあたられることなしに、了解はなされない。私は、院生時代に『言葉と物』とともに、英訳、西訳、仏語を読みながら、それらのあまりの違いから、自分なりの了解をしつつ、いまだ考え読み続けています。ラカンの英訳などからは学ぶ意味はない。

私ははっきりと、大学言説の知的資本Xから脱することが、これからの可能性を開いていくとテーマ戦略を設定します。大学言説が、考えられたことしかしないで、考えられないことを切り捨てて、諸悪を生み出す源になっていると確信しているゆえです。

一般論が普遍を仮象して学問の名で語られ続けている。その他なるもの＝大学への批判の手を私は緩めていないのも、知が不可能に在ることを無視して傲慢に権威ぶる、そこへの他者攻撃が目的ではなく、自分が自分へ対して無知であることに自分で耐え難いがゆえの言明です。

私の知的資本の作用は、数多の中の一つでしかありませんが、日本の閉じた世界でしか通用しない知水準からの脱出です。現実性の仮構にとらわれず、実際現実自体を不可能であれ見続け解明し動かしていく上で要される知的資本の「一つ」のあり方です。学問・学術の真摯な断絶・切断は一九六〇年代から八〇年代に渡って確実に徹底して世界ではなされましたが、未だ総体領有は日本ではなされていない。その上に立脚しない限り、世界に直面できない。制度化された大学知は、そこを領有できないまま、人が教育輩出され社会へ拡散させている。大学とは別系の高等研究機関を機動させない限り、日本はただ知的に衰退・崩落していく、その兆しはもうあちこちで発生しています。大学言説から脱すること、知の転換に真摯に立ち向かうこと、現実世界の実際に向き合え活用しうる知的資本を領有すること、そこへの一助となればと願いまた求められているがゆえの「序説」です。

＊第1節が本質的な基盤ですが、ややこしいゆえ、第2節以降から読まれて戻られた方が良いかと。

1 《知る》享楽と「知の謎」

ラカンから

現実を知ること。これは「知りたい」欲望だけではなせません。「知りたい」とも思わない人の方が多いと思いますが、それでもその人は「この世の中」をその人なりの仕方で知っています。それは、多様です。しかし、ある思考形式として同じことをしています。無意識で使っている知的資本が同じなのです。この無意識はランガージュ―言語使用、言語活動―です。言語を使って考え行動していることは、象徴作用を働かせていることであり、想像的に何かを生み出しながら、実際行為しています。実践によって、このランガージュのラング＝言語構造を変えることはできません。私たちは日本語に従って、日本語を使って、物事を感じ考え行為しています。ですが、その日本語とはなんであるのかをちゃんと説明できる人はほとんどいません。国語学者でさえ、間違った理解をしています。つまり、何も知らずに「知っている」ことをなしているのです。

幼児は、丸い粘土を長いソーセージ型にするとたくさんになった、薄くすると少なくなった、と言います、薄いから重さは少ない、と。七、八歳くらいまでですが、「保存」という概念を九、十歳くらいになるまでに獲得すると「同じ」だと判断します、でもまだ体積の保存にまでは至っていませんから、器の水の中に入れると、丸い形よりソーセージ型の方が水面が上昇すると言います。速度ですと、トンネルの出口をはやく出た方が実際の速度が遅くとも速い、と判断します。感覚的段階から、前操作的段階、そして具体的段階へと一定の順序で判断が獲得されていくのです。これは物理学の言説に対する物理的判断です。山を画いて家と木を描いてもらうと山の輪郭線に垂直になる絵を最初に描き、次の段階では、地上の水平面に垂直に描き、次の段階では山の内側に描きます。トポロジー的図から解析学的図、そして幾何学的図と、数学の発達と逆の知能の発達段階を辿るのです。これらは「知能」の発達段階ですが、ジャン・ピアジェの言説です*。科学言説との関係、実在への理解の関係、さらには社会文化的なものとの関係として、野生の思考でも同じ類的なことなのか文化の違いで異なるのかとか、論争もあります。かなり妥当だと思いますが、ワロンとの微妙な違いに理論言説上の本質的な穴があると私は考えますが、チョムスキーとの違いにはなんらの意味も見出しません。**

言説の違いとその普遍妥当性、反証的認証、個人差、文化差異など、いろんな物事があり、ただ知能の発達段階の「知る」ことだけではないということがありますが、系

* ジャン・ピアジェ『発生的認識論序説』三省堂、『精神発生と科学史』新評論。
** アンリ・ワロン『子どもの思考の起源』明治図書、『認識過程の心理学』大月書店。

統的発生と個体的発生との相互性だとされます。他方、科学の発展段階の歴史的な変化があります。言説が科学でさえ違ってきます。一つだけの真理ではない。

私たちが知的資本で考えようとしているのは、こうした確定性や不確定性に対して、どれが真／偽かでも知能のことでも認識・意識でもない、それらに関係はしますが、それとは異なるレベル・次元でなされている知／言説の転換の作用に関してです。

ラカン言説・理論は、自分の思考技術を自分で磨く上で、もっとも自分のためになると言えます。いろんな論述、理論を学んできましたが、現実界に接するにはラカン理論が最も深くそこに直面しています。ラカンと格闘することにおいては、ともかくできはどうであれ、訳者たちの努力にまずは感謝です。

どんなにフランス語ができようが、ラカンの邦訳は不可能です。「できる」ことが優れているのではない、「できない」ことへ挑戦しているその努力にまずは敬意を述べたい。しかし、「知る」ということは理解へ向けての象徴暴力であり、かつ、政治的な作用が不可避に入り込みます。原書のフランス自体でさえ、ジャック＝アラン・ミレールの独占的な仕方に対して、それに反する動きが多々あります。とくに、ミレール監修の手になる未刊本がまだある「セミネール」の書籍化に対して、STAFERLA版のウェッブ上での全テクストの無料提供は、こちらには大いに助かるものです。知は占有されるべきではない。とくに後期のものは読みたくてたまらないものでした。本場でのラカン派の対立は、政治的なものの現れだし、日本での邦訳も暗黙というか、種々の対立が学術上でも起きているのかもしれない。知への独占はどこでも起きる醜いものです。私は、ただ冷静に外部から、提供されるものを見ていますが、明らかに英語圏でのラカン理解よりも、日本の方が優っていると評価します。とくに、フィンクのものは、まったく納得がいかないし、ジジェクのマルクス主義的還元の三流さには呆れるだけです。『エクリ』の邦訳が、最初だけにあまりにひどかったのも、日本の知的基盤の総体的な浮薄さの現れですが、しかし使えずとも原書に当たるガイドにはなる。早く再翻訳がなされるべき出版界の良識を求めるばかりです。今なら遥かに良い、参考になりうる訳出になろう。しかし、邦訳だけからではラカン了解は絶対的に不可能であると、断言します。

思考技術として、どうラカンを領有していくか、よく尋ねられるので示しておきます。私の語学力が低いゆえのことではない、どんなにフランス語ができようが、まずラカン読解は「不可能」であるということが大前提です。この自戒を持っていないと、稚拙さが横行するだけになる。フーコーやブルデューの訳を私はいつも徹底して叩き続けていますが、これはただ訳者たちが未熟でわかってない、というだけの話ですむ。しかし、ラカンに対してはそう言い得ない。STAFERLA 版を読んだとき、こんなにもクリアなのかと驚きました。前から感じていたのですが、ラカンというよりミレールの仕業としてラカン言説は作られている。ミレールの論稿を読んでいるとそれがわかります。こねくりあげている。ラカンを「偉大なるものへ」と作り上げている仕方です。STAFERLA 版からソレは感じられないゆえ、読解が素直になせます*。しかも定式、図が頻繁に挙げられており、とてもわかりやすい。一書づつこなしながら、ラカンを領有していくことができますが、私はトポロジー思考後を重視します。

＊今回の本書では、セミネールの8巻『転移 Le transfert』(S.VIII)、20巻『アンコール Encore』(S.XX)、Autres écrits(AE) の特に Radiophonie、Télévision を使っています。さらに、Les non-dupes errent (1973-74) と RSI(1974-75) の STAFERLA 版を参考にしています。

訳書のあるものは、それをまず全部サッと読む。引っかかったところは必ず原書に当たる。その箇所がすぐわかるから訳書（英訳書も）はガイドだと言ってます。この時間節約はとても貴重です。そして、ラカンを論じることになると、当該箇所は訳をまったくに信用しません。自分でその程度がどんなに低かろうが、日本語へ書きながら何度も考える。すると、こちらの概念空間が揺さぶられ、転移できればいいのですが、一度身についてしまっているものはそう簡単にはいかない。なんで、そんなことを言うのかと考え、また原文へとっくむ。すると、わかったことが浮上する以上に、「分からない」ことが浮き出してきて、何がわからないのかの対象が見えてきます。つまり、ラカンなる対象aから、対象がだんだんと見えてくる。しかし、それをシニフィエへ転じてわかったつもりになってはいけない。シニフィアン探しとして、格闘し続けることです。四つの言説など、十年間以上私は格闘し続けています。この享楽に愉しめ苦しめられないと、とてもラカンなるものを読み続けることはできないのですが、ラカンが見えてくると現実がそれ自体として見えてくるから面白い。現実的、実際的なものを考えながら、ラカン自体を読み続けることです。イタズラな、とくに近代的知識を導入して、例えば弁証法と比較してラカンを説明したりするようなことは、ただ間違うだけです。当人が弁証法なることを言っていても間に受けてはならない。フィンクなど「主体」概念空間のままラカンを説く、馬鹿馬鹿しくて読んでいられないのですが、どうこの人たちは誤認するのかには、穴が見つかって無意味ではない。正しい理解を正当化するのではない、自分で自分へはっきりさせるために「読む」。その時、邦訳にちょっかい出してしまうことは許されたい。自分はそう翻訳理解してはならないと、自分へ言い聞かせるためにそうしてます。相手への批判ではない。理解なる象徴暴力への対峙です。訳者の方々にすまない、と謝るしかないですが、私より優れているのにどうしてそんな初歩的なことや本質的なことでとちるのか。「知る」ことの謎はそこにもうあります。ランガージュの思考様式を自分で切り替えていくことはなしえます。

例えば先の部分。

C'es là que j'arrive au sens du mot *sujet* dans la discours analytique. Ce qui parler sans le savoir me fait je, sujet du verbe. Ça ne suffit pas à me faire être. Ça n'a rien à faire avec ce que je suis forcé de mettre dans l'être--suffisamment de savoir pour tenir, mais pas une goutte de plus. (Encore, p.108)

「それは、私が分析言説における「従体」なる言葉の意味へと至る。知なく話していることが、私を私に作る、動詞の従語にだ。それは、私を存在へと作るのに十分ではない。存在の中へ私で在ることがつくられていくのを強いられるのとはまったく関係がない——持たれるには十分な知であるが、少しもそれ以上ではない。」直訳的に訳すとこういうことです。しかし邦訳本は、主語という書かれていないものを想定しているため、

「わたしが分析的ディスクールにおける主体という語の意味に辿り着くのはそこなのです。話していると知らずに話すものは、わたしを**わたしは**に、動詞の主語にします。それはわたしを存在させるのに十分ではありません。それ（ça）は私が存在の中に置くことを余儀なくされている次のものとは何の関係もないのです——すなわち、保持されるには十分な知ですが、一滴たりともそれ以上ではありません。」（『アンコール』214頁）

この両者の違いが自分へ自覚できることが、知的資本の力となることです。この訳者は、日本語にも主語がある、主体のことだと思い込んでいるから「「わたしは」に動詞

の主語にする」と、記述していないものを「〜は」として概念空間へ浮きださせています。「わたしは」が主語だと思い込んでいるのです。「は」が主語だと勝手に（学校文法＝知的資本Xに基づいて）。「知なく」であるのに、「知らずに話すもの」と主語＝主体の動詞行為だと解している。知なしに、「私」を動詞の主語にしてしまっている、そのことが「私を存在させること」と「私を存在へ置こうとしていること」との違いを示しているのに、「それ（ça）は私が存在の中に置くこと」と訳のわからない訳になっている。

ラカンの訳書に限らないのですが、日本語には主語がない。それが訳者たち総体に自覚も認識もないことが最大の問題です。そこに、「主」語ならざる「従語」「従体」が存在しないことを論じているラカンの概念空間が二重によじれて理解されています。知的資本の土台が、もう転倒しているのですが、まさに知ることなくそうするように知的資本Xが自覚なく「知っている」と働いているからです。

だから続く、プラトンの「形相 la forme」が存在を語る、存在の知でしかない、存在の言説が「存在がある」と想定して、存在を保持しているものでしかない、「知られない存在関係がある」ことを語りえていない、という説明に繋がるのです。不可能な知のことを言っているのであって、「話していると知らずに話すもの」のことではない。つまり、ラカンの本質をとり逃しています。これを私は誤訳とは言いません、むしろ私の方が誤訳でしょう。どうしてそうなるのか？ 知的な理論理解ならざる「理論領有」は、概念空間の転移に関わる知的資本のことである、と私は言いたいのです。理解を可能にしてしまう知的資本の作用がある。ですがラカンの思考回路は、時間の順を追っていく通常の認識思考の回路とは違います。遡及的にシニフィアンを循環させていく。この回路を自分へ訓練しないとなかなか言述を追っていくことができないし、邦訳からではそれはなされません。つまり、邦訳書からのラカン理解はラカン自体ではないものになる。

私は日本語には主語がない、また sujet/subject は「従体」「従語」であって、主語・主体ではない、と主唱し続けています。この了解が、知的資本のXとYとを識別することになった決め手です。知的資本Yを領有していることからです。邦訳者は主語・主体があるという知的資本Xを所有しています。そこからの違いが起きるのです。私は、ラカン言説は述語制論理の世界次元にもっとも近づいている思考だとみなしています。彼の東洋への気づきにはっきり出ますが、彼の思考地盤は「主語制の限界」に真っ向から対峙しているのです。ニーチェも主語＝私が語るのではない、「エスが語る」と言ってます。

ここに、知の謎、知の不可能さの問題が示唆されています。邦訳者から見て、私の了解は間違っている事になる。しかし、私から見て、邦訳者たちは「知の不可能」の問題を「知の可能」と対比識別して考えている概念空間しか持っていない、となります。理解がないのではなく、別の思考をなしているのです。知的資本が違うのです。フーコーやブルデューの邦訳において、私が訳者たちから無視され排斥さえされるのは（それにしてもルビをふったり読み方を変えたりこちらを気にかけ自分たちの正当化を無知でなしていますが）、知的資本の違いの政治作用がなされている、という事です。知的な差異ではない。彼らは自分の誤認を認めたくない情動を「知の不可能さ」において働かせ、自分の正統化政治をなしているだけ、と私は言います。誤認の蓄積は学術犯罪だ、とさえ言いたいです。

知の不可能さは、現実界の不可能さと関係します、ラカンの基本土台から見ていきましょう。今回は、コレット・ソレールの *Les Affects Lacaniens*, PUF, 2011（ALとする）を参照しながらラカン領有していきます*。ラカン論として卓越している一つです。よい導きになる。

現実界と想像界と象徴界：ボロメオの輪

この実際世界（国家／社会／市場経済）を、現実界R／想像界I／象徴界Sからなっていると配置します。シェーマL／R／Iのメビウスの結びからボロメオの輪へ転換された。概念空間から、この現実世界を考える一つの手法ですが、ブルデューのように「社会空間」（社会表象への理論解析配置）を設定するよりはるかに実際世界へと考察がすすみます。心的世界と物的世界とが、共に「考えられうる」からです。ブルデューには、心的世界に関わることは、

* 註がとても役立つ。邦訳があります。コレット・ソレール『情動と精神分析』福村出版。訳書の註もとてもよくなされている。ソレールのラカン女性論もたいへん役立った。

認知諸構造の誤認・再認にしかない。象徴的なものは社会空間の現実的なものの中に配置されるだけにある。つまり心的世界そのものは「幻想」へ疎外され排除されています。だから実質的なそれを「イルーシオ」と別概念で「ハビトゥス」のように配置する。その仕方は社会的諸関係の実際には接近できますが、その力関係と意味連関の指摘に止まる。しかしラカンには、心的なものから経済的なものまで、三つの界から考察可能になる。ブルデューは幾何学的空間ですが、ラカンはトポロジー的空間です。

この三つの界の関係が問題であって、それぞれの界はリングとして穴があいている「空《くう》」にあります。象徴界は現実界を包含できない、「外―存在」を残している。現実界は象徴化されきれないが、象徴界を通じて語られます。縁、際が、ラカンにとっては問題であるのです。従って、象徴界と現実界とのリングの重なりには、「ファルス的享楽 jouissance phallique」JΦの穴が配置される。象徴界から「症状 symptôme」が現実界へと外存在される。現実界と想像界との重なりには「享楽〈他者〉」JAが配置され、現実界から「不安 angoisse」が想像界へと外存在される。

想像界と象徴界との重なりには「意味」（これは「意味される享楽 sens-joui」とみなしていい）*が配置され、想像界から「制止（抑制）inhibition」〔英語的な禁止・禁制まで含むと考えたい。〕が象徴界へ外存在される。この重なりには、ラカンが述べていないことも多々考察しえるものがあるのです。

* 意味の享楽 jouissance du sens を媒介している、「意味された享楽 joui-sens」と書かれる。

そして、三つのリングの重なりの真ん中に「対象ａ」という名付けられないものが配置され、不可能の穴となっています。視えないが「在る」のです。

これを、円面であるかのように描いているものが欧米、日本でもありますが、それだと穴でなく実態がそこにあるかのような誤認を招く。リングないし紐として考えないと誤認が累積されます。（私の技術ではこのリングが描けないゆえコピーを使いますが、コピーが使えないときお許しを。）

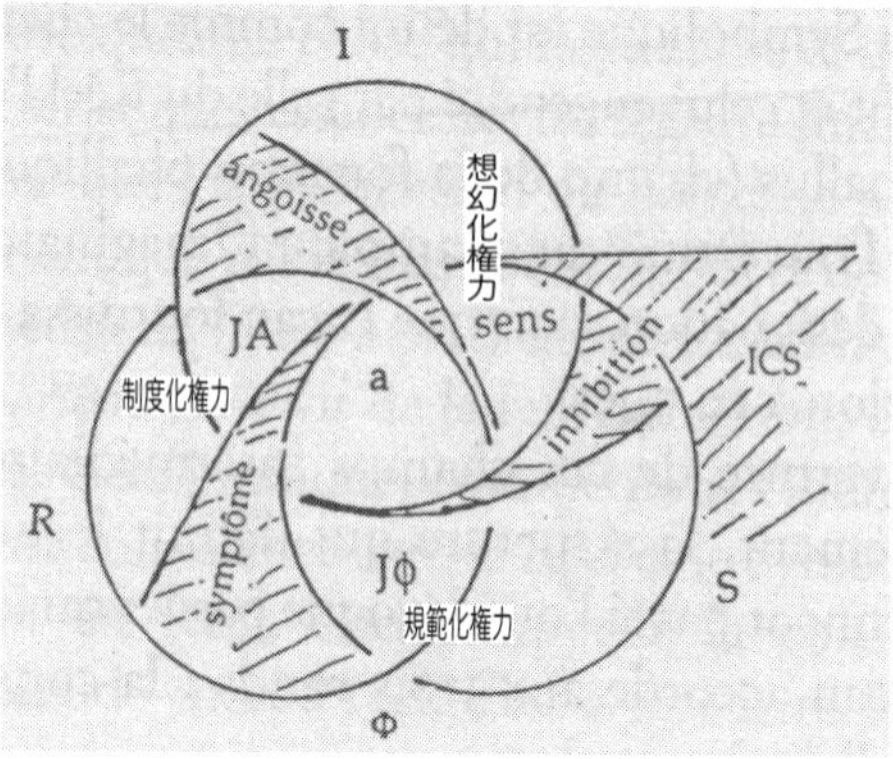

この構成の解読はラカン自身においても多様になされ、様々な了解の仕方がなされていますが、社会科学的に紐解くと次のようになっています。

現実界で吸収されないものが言語を介して象徴界へ疎外構成されます。そこで意味として包摂されたものは、禁止・制止の介入に規制され、現実界へ直接関与できないため想像界へと疎外されます。想像界は、現実界からの疎外を不安として包含している。私は、ここに、現実界と象徴界に対して想像界から「想幻作用」が権力関係として働いていくと考えます。ファンタジーとして疎外されたものが、実際的な作用をなすのですが、国家や社会という「共世界」が個々人の心身へと領有されていく、意味関連の力関係への反転移をなす「想幻化権力」の作用です。大文字の他なるものの享楽JAは、現実界と想像界とから制度化権力作用を機能させ、ファルス機能の享楽は性関係に対する禁止作用をもって規範化権力次元を機能させせます*。かかる規制から現実界には様々な症状が矛盾・問題として出現し、欲望構造が取り除かれるかのように共想幻＝個想幻として要求へと転じられて社会言説へ構造化されます。見えないで作用しているのが欲動作用です、想幻化を働かせているシニフィアンです。心的に社会や国家が容認され再認し続けるのは、このRSIが構造機能しているからです。(詳細な解明は、象徴資本論❺・想像資本論❻において)。欲望プラチック、言説プラチック、社会プラチックという異なる実際《プラチック》次元が複雑に絡み合うが、構造は関係作用していることとして解析すること。この関係に作用する権力関係はシニフィアン作用であるゆえ視えない。シニフィエを、心的関係を領有しながら社会表象している。〈シニフィアン—欲動作用—想幻化〉の動きがあるのです。

　ここでいちばん肝要なことは、現実界が不可能であるということ、その意味するところは、把握することが不可能であるだけでなく、現実そのものが不可能に置かれているということです。そこにしかし、私たちは生き暮らしているのです。想像界／象徴界を通してかろうじて垣間見える現実界です。これらの界と「界の関係」を内化してもいればまた外部へ外化もしています。同化し調整しているのです。この自覚がないと、現実

* 機能的＝規制的に「規範化権力：象徴界から現実界」、「制度化権力：現実界から想像界」、「想幻化権力：想像界から象徴界」と構造＝開きの関係にあると配備しました。権力とは可能にする関係作用です。不可能な周り＝際に作用します。

への関与で多々間違えます。実際現実を限られてしか見ていないのに、現実を知っていると思い込んでいたり、構造へ統合されて同化しているのに自分に関係ないと考えていたり、反対に、現実の物事のイノベーションを不可能だとして何もしない、という「不可能」への取り違いが多々実際に知的資本Xの作用によって起きています。

「知の不可能」を知るということがそこに対応するのですが、不可能ゆえ知ることをしないということではない。不可能へ挑んでいくことです。

抑圧や去勢や剥奪がなされ欲望が疎外され、失敗もしますが。

話存在 parlêtre：主体などいない

個人を「主体」と言表するのではなく、〈話す存在〉として言表することで、主体を個人化する誤認を回避できます。「〈私 je〉とは存在でなく、話している何かに想定されたもの」である (Encore, p.109)。「主体＝個人」という思い込みは、西欧人以上に日本語では学術用語として間違ったまま固定されてしまっていることで、根源的な哲学誤認を蔓延させています。人格名称がただの名詞でしかないのに、主語であるかのような誤認が一般的に再認され続け、自分が自立することだと考えられている。日本語を知らない哲学者や学者ばかりですが、学校化された学校文法のインチキ知識のままに哲学している、中学生哲学でしかない。そこから主体の確立が、良きこと、目指すべきこと、自由になることであるかのように一般化されていきますが、それは自分が自分ではなくなるだけのため、若者たちの多くに苦悩・不安をもたらし、個人はますます縮小されているように見える現実状況です。主体など把握されないからS̸とされたのです*。

〈話存在〉とは、どういうことか。ラカンの造語です。parler と être とを parlêtre と合体させた。さらにそこには「lettre ＝文字」が挿入されてます。ラカン／精神分析においては「書くこと」よりも「パロール＝話す」ことが大きな意味をもつのですが、文字存在が話すということです。その「語る」「話す」身体存在ですが、言葉＝文字において表明されます。従体は、ランガージュを支配しているのは自分だと思い込んでいるし、ランガージュからのあらゆる決定づけから免れていると信じ込んでいます。その瞬間にシニフィアンによって決定されているのです。従体と言説とを結びつけているのが「話存在」「話す文字存在」です。「従体」と言表するのは身体性を加味してです。

話し言葉と享楽が癒合した、生きる者における現実的なものが象徴的なものの効果による身体の享楽を表す、それが話存在です。パロールを介して言語の作動が享楽をネガ化する、また享楽を規整化するために別の形でポジ化するために、享楽する副在 substance に触れることが語られるようになりました。現実的無意識が考えられる事になる。無意識は、ララングが現実的なものを直接的に把握することによって生じる意味の

* 従体は欲望者 desirant として自らを捉えるのではない。幻影の中に、従体が欲望者として自らを捉えるような場所 place が常に残され、その相同的に産出される物 i(a) によって占められる。S̸ は従体の fading（退出）である。(S.VIII, p.424)

外部の語物性 motérialité によって定義されます。(AL, p.55)

lalangue ララング：意味の外部

ララングとは、言語でなく、前言説的なものです。これもコレットでの邦訳は、「言語ではなく、ゆえに前言語的なものではなく」と傍点部（引用者）は、「preverbal ではない」、つまり「話し言葉なるものの前」ではない、ゆえランガージュではない、と原書であるのに、反対にしています。「言語ではない」と訳されている意味は、「言語使用《ランガージュ》ではない」、言説次元だということであって、ララングは幼児のまだ規則化された言葉になっていないが発せられている、喃語言葉という前言語「段階」に典型的に現れている状態を言います。それは、<syntaxe ou semantique langagières> の獲得ではない、という意味です。言説の音的媒体 medium sonore du discours 次元のことだ、とラカンは言います。つまり、ランガージュとして習得されるものではなく、話し言葉（口頭）へとつながっていくものではなく、音とリズム、束の間の沈黙によって幼児を包んでいるものです。母的ラングは、音が意味を取る前に身体にアフェクトする。(p.110) 言葉ではないが、音が織りなす前言説的なもの、という言説次元とは、それが非母化 dématernalisants されて正書法言語使用の習得の中で忘れ去られていく。しかし、その諸痕跡が無意識の最も現実的なもの――意味の外部――のコアを構成している。ララングは無意識において存続しているものです。

邦訳では、（話し）言葉 verbal、言語（構造）langue、言語使用 language が混同されたままの知的資本にある。つまり言語なるものがしっかりと概念識別思考されていないために、ずれが起きているが、ラカン了解においては決定的なものが仕分けられていないのを露わにしている。

ララングとは、ラングではない言状態です。言語構造を持っていない、ランガージュとしての意味構成の交通がなされない言状態をいう。例えばテレビで話す者が途中からグニャグニャと何を言っているのかわからない表現をしたり、また漫画の吹き出しで何を言っているのかわからないとき、「＃＆％＄＊」のように表記されるようなものです*。何かは音／言表として発せられ、意味がないかのような意味が発せられているのです。幼児ではない大人も語るものです。これをラカンは、語 mot と物質性 materialité をもじって〈motérialité〉「語物性」と言表しました。ララングは意味の外部にあり、現実的なものです。機知が働くと駄洒落、語呂合わせになる。ラカンの造語もララングであると言ってよい。意味の確定はできないが、しかしラカンによって概念装置になっている。「それ」としてしか機能していないことに注意。ララングは言語になっていない言状態とみなされるものと見ておけばいい。知的資本の練磨において忘却してはならないものです。
だが、ララングは理論的に作用する。ララングを対象aと見たてていることです。

* 津軽弁で話されたことを標準語者がわからないのも、標準語者に津軽弁はララングであるからです。初めて聴く外国語やエスニックな言葉も、こちらにはララングであり、向こうにとっては日本語がララングである。幼児期のことが、こうした成人の関係においても出現する。そこまでの射程をもった概念である。わけのわからぬことも概念化されている！

見えない対象a

愛の対象、欲望の対象から「欲動」の問題へ移行して、「なにかしらのもの」である「対象a」が問題にされています。ラカン思考の年代推移から整理しても取り逃がされるだけの「思念できない対象」であるゆえ、ボロメオの輪＝結び目から押さえておく方がいい。

ある言説が何らかの世界を捉えるには、三つの層が最小限に把握されることだ。①考察の領域の中で捉えられるもの、②逃れてしまうが取らえられる「残余 reste」として領野の内部にあるもの、③領野の内部にありながら捉えることが不可能なもの、であると言われたりしますが、これはあまりに現象的でしかない表層的な見方です。破片 éclat、裂け目 béance、空 vide、残余 reste、穴 trou として示されるもの、対象に名付けられていないものとして考えることです。存在として名づけられていないが存在している。

「対象aはいかなる存在 être でもない」、「ある要求が想定する空 vide である」(p.114) とされ、ラカンは対象aは「分離」する／される、切り離されるというように配置しているかのように見えますが、正確には「分離との本質的関係を現前」させていることであり、わたしたちは躊躇なく「仏陀の瞳」に非分離を見る、開けてもつぶってもいない眼です。幻想《ファンタジー》＝幻影の中において幻想に幻惑されず、幻影そのものの世界を見ていく目です。想幻化作用を超えているものです。ラカンは日本と西欧との間に、分離ではない「非分離」の何かを感じている。それは「非分離」そのものの作用、二元論でも非二元論でもない作用と構造です。男でも女でもない、外部を見ているのか内部を見ているのかの識別もない。〈一〉のなかに多数性を包んでいる、空間に先立っている場所。

対象aは、喪失の証言であり、この喪失は埋めることが不可能な、「欠如を生み出す対象」です。空間に対象aはない。場所にそれはある。三つの輪の真ん中に置かれる*。

眼、口、耳、ファルスの身体からの非分離の場所、「声」はその典型ですが、精神分析の「オラル、アナル、ファリック、スコピック、超自我」の上昇・下降（ファリックが頂上）の段階に配置還元することではなく、鰓と肺の分節化、口と肛門の分節化、前言語と言語の分節化、心的なものと身体との分節化、幻想と物質との分節化、というそのシニフィアンの分離ではない、非分離の他のシニフィアンとの結合と一貫性に、引き離されていない対象aが配置されると考えたい。それは対象が話存在に引き起こす欲望とは別の場所に非在的に在る。知的資本Xは、かかるわけのわからぬものは恣意的だと切り捨てます。

「知る」ことに関わる知的資本Yは対象aと関連することに本領がある。それは、原因を探るという欲望の原因の探究とは無縁です。つまり、「話すという事実によって、人は概念に到達したと思い、内密な因果性に従って現実的なものを、その現実的なものに命令するシニフィアンによって把握できたと思う」（SX、『不安』下218頁）ことに、理解な

* ボロメオの輪の重なる真ん中に対象aは位置付けられていますが、重なりというより、三つの輪の非分離の場所、つまり現実界/想像界/象徴界の非分離の場所＝空に対象aがあると考えることです。

る誤認があっても、そこには省察・知ることはないのです。
「私は私がいかなる対象であるかを知らない」ことを知らないか知っているかで、知的資本は分岐します。これは主体化の問題にはない。見ないという欲望が「知る」ことに転嫁したとき、対象aは姿を消し、対象がi(a)に宙吊りにされていく。目は見ないためにあるゆえ、目がえぐられる必要がなくなり、国家は永続化され、享楽から切り離された消費欲望に安楽していく・・・・。真なる対象 objet véritable、真正の対象は把握できず、伝達も交換もできない (S.VIII, p.290)。

「資本」なるものは実は対象aにあるのです。資本の作用や機能や構造さえ、まだ対象aです。それはシニフィアンしているゆえ、一つのシニフィアンから別のシニフィアンへと移動することにおいて出現します。そこへ、私の資本論は「名づけ」をなしている。概念へと鍛え上げるのはその先ですが、ヘーゲル的概念論とは対峙していかねばならないものです。ラカンとヘーゲルとの穴がある。これは、フーコーとカントとの間の穴に共応するものです。私と吉本・西田との間の穴にも。言説間の穴の或る規準がそこにはあると言えます。「在る」は「或るもの」が有るということです。それが、領有されていくことの意味作用です。「ある」「である」（穴がある／穴である）*の動詞と助動辞との存在的非分離関係に潜在している述辞のロジックから視えていくもので、名辞の概念空

*「ある」＝動詞の否定形は、「ない」＝形容詞となってしまいます。穴がある／穴がない、は存在が動詞と形容詞にまたがっているとなっている。つまり、動詞・形容詞の識別は述語制では意味がない。さらに「穴が空いていない」と「いる」へ転じられます。存在は、述辞から考え直さねばならない。

間の次元のものではありません。述辞体系の述語制論理が捉えられない限り、知ることができないままのものです。分からないことを引き受けていくことが、「知る」知的資本の働きを活性化します。わかっていることなどは、もう背景へとおいていけばいい。

知の謎と知の不可能：知の享楽

知の不可能を確認することは、「知ること」を放棄するのではありません。むしろ知ることを深めます。ところが、知の不可能をいいことに、思考停止を正当化する言説が稼働しはじめる。「所詮わからないのだから、世の中変わらないのだから、考えても無駄だ」という知的態度です。知性がないのではない、そういう放棄の批判的な知的態度が常態化するのは、知の不可能という本質性に根拠がありますから広がります。それを、感情や情動が都合よく支える。その感情、情動に知性がないのではなく、知的知性よりも強い情動的知性が働く。ブーヴレスは、そうした世情と構造主義の言述は同じだと批判しますが、そうではない、本質の根が同じでも知的資本の作用が異なるのです。知の了解に働く知的資本を見失ってはなりません。

「パロールで言われたことにおいて、「話された知 savoir parlé」がはっきりと示され、それはラングにおいて宿っている。知なるものはシニフィアンの総体だけでなく、享楽の次元にも位置づけられます。そこに、「知は享楽される」という知の謎の根源的な場所があります。コレットによるラカン理解を踏まえながら、ここを切り開きます。「ランガージュと享楽の二つの登録された異生成性 hétérogénéité」(AL, p.109) の問題が、享楽とシニフィアンとの共合 coalescence の問題として考えられるべきことです。

「話し言葉は生ける享楽に影響する＝情動する《アフェクト》」という第一テーゼに、「享楽される話し言葉 verbe joui」が第二テーゼとして加わり、話し言葉が享楽される、「享楽される知」があるということです。

　第一テーゼは、ランガージュが生ける享楽 jouissance vivante に対して作動するということ。「欲求 besoin を欲動 pulsion に変容する要求 demande の効果」から、「ララングによって文明化された享楽」にまでおよびます。享楽の最初の経験を印す、トラウマから心地よい快楽までの一直線の軌跡を作っている無意識の考えです。それはつまり、ランガージュは、生ける者を無事に置かずに、喪失 perte と分割 morcellement を導入する享楽を形作る、ということです。(p.109) ランガージュのネガティブな作動です。知ることの放棄です。知的資本Xによる効果に関係します。

　ですが、第二テーゼは、ララングに由来する「ランガージュの諸要素」が、「享楽される対象」の身分を再認することにおいて、ランガージュと享楽との異生成性に反対します。ここに、認識論的・倫理的な含意が提出されたのですが、「享楽される知」があるということには、享楽がいかにシニフィアンとして働くか、という問題を開いています。それは書かれる知／従体を排除する知である「科学の知」とは何の関係もない、「私の身体とともに話す」、享楽の身体にアフェクトしている「話された知」、〈ラランゲ―無意識〉です。所与の話存在に固有の、「享楽された話し言葉の知の形成」です。(p.110) ランガージュではない「話し言葉」のポジティブな作動なのですが、新たな言説を生産していく、知的資本Yに関与しているものです。

話し言葉が享楽に影響する、また、話し言葉自体が享楽される。この後者において、享楽とシニフィアンとの関係が問われています。知はシニフィアンだけでなく、享楽も働いている、知は自らを享楽する、ということです。ブーヴレスにおいて欠如となっているシニフィアンと享楽の作用です。

「知の基礎は、その行使の享楽がその獲得 acquisition の享楽であることと同じだ」(Encore, p.89) にあります。どういうことか？ そこにラカンは、コンピュータとマルクスの使用価値を例に出す。知を行使する享楽、知を獲得する享楽。つまり、行使と獲得との違い、それはしかし同じだということ。マルクス理論を行使する享楽とマルクス理論を獲得する享楽との違い、というと少し見えてきますでしょうか。理論＝知を知ること＝獲得すること、理論＝知を行使すること、それは同じだということ。上っ面で理解したものは上っ面でしか行使できない。深く理解したものは深く行使できる、と実際局面ではなります。だが、ラカンはそんな当たり前のことを言っているのではない。交換価値への関連によって、全てがそこに要約される、その理想点に使用価値が配置されている。つまり、交換価値が行使されているそこにはすべて使用価値の概念獲得がなされている、という知です。

だから何だ?! となろう。あまりに簡明なことを、何をラカンはややこしく語るのか？新たな知的資本Yの行使における知は、その知／言説の獲得＝領有にもなっているのです*。

「それ ça」がそこに動いているからです。〈他者〉によって「存在が自分を犠牲にして、自分の存在を代価にして、文字をなしている」(Encore, p.90)。それは、「知が大文字〈他者〉の中にあること」、知は、存在が文字を運んできたということ以外に、存在に何も由来していません。文字が再生産する場所において、決して同じものを、同じ「知の存在」を再生産しないのです、存在は殺すことができることが、そこに結果しています。(同 p.89) この〈他者〉は、それについて知っていない。「〈他者〉は場所 lieu である、何も知っていない」(同 p.90)。これを私は、大文字他者ではなく、「述語的場所」の概念に転移しようとしています。

こうした『アンコール』の論述をよそに、ソレールは、シニフィアンが獲得される中

* 私は経済活動やプロジェクトを遂行する人たちに、述語制がわからないと言っていないで、「述語制」だと使っていけば、それが実際現実なのだから、わかってくると、概念コードの使用をいつもアドバイスします。どこかで、わかって＝理解してから、その概念を使うことではないのです。

で享楽へと移行し、シニフィアンは知の要素となって、知の行使においてそれ自体が享楽されるゆえ、そこには「喪失がない」、というたった一つのことを示していると説く。かつてラカンは、「一者」「シニフィアン」が存在するやいなや「喪失」やエントロピーが生じる事実を執拗に主張しており、一者は対象aの抽出を引き起こし、喪失は反復の享楽の中で永続化されるものでした。そこに、「喪失はない」とされる新たな考えが、無意識に配備された、というのです。無意識は、相反する二極にある、と。(AI,P110-111)

私の方から見れば、述語制の本質的な特徴である相反共存が場所において見出されたということです。相反するものは、異生成としての一方通行になるのではなく、相反共存の相互関係にアクションする。そこに〈他者〉は規定的至高性を場所配置されながら、「何も知っていない」、ゆえ知の不可能が可能と同時にあるということです。

享楽とは何か：剰余享楽へ

西田幾多郎が「絶対無の場所」を設定しましたが、それは場所が何も知っていない、しかしそこに知の享楽があるということです。西田に享楽の概念が不在のため、絶対矛盾的自己同一などとややこしい概念を立ててます。

ここでその定義というか概念界がラカンにおいて何度も変遷していく「享楽」を知と

の関係で再確認しておきます。享楽とは、生きることと言語との折り合いがかかっているものです。「享楽にとって性関係は存在しない」(Encore, p.57) という界閾です。

マルクス／フロイトなどが大学で試験にだされているのかどうか知りませんが、マルクスやフロイトを「知る」こと、ましてやラカンを知ることが苦痛・苦悩にある喪失の享楽に対して、この大学知の状況に対して、知る享楽をどう配置しておくかです。私は、ラカンを知ることの獲得と行使に、最大の悦び／苦闘を享楽していますが、それはどういうことか、です。本書の読者が直面していることでもあります。物書きは書を書くことが生き甲斐であり、享楽であり、自分の命をかけている。快楽でも欲望でもない。

知の獲得として大学・大学院において私の知の享楽は、マルクスとレーニンから構造主義へと移行しましたが（大学教師の誰一人それを教えてくれた人はいなかった）、イリイチをへて、フーコーとブルデューを「知る」享楽へと大きく移行してます。そしてその後、ラカンを「知る」享楽へとこの三十年の今にある。現実界を「知る」格闘の変遷です。苦闘と悦びは共存し続けています、対立していない。苦悩はない、不安もない。資本主義の倦怠や陰鬱を回避できた最大の根拠と言えるでしょう。情動と知の共存がそこではなされています。

知的資本は享楽の獲得であり遂行です。しかし、その本質には、知は享楽の断念であり代価であることが潜んでいます。分析言説によって発見できる核心とは、対象aとし

* プロジェクトを遂行していくと、商品経済の知的資本Xにある人たちは、実行可能性へどんどん物事をはぎ落として、不可能を捨てていく。そのとき、ビジョンはもうどこかへ消えている、本質など感知もされなくなっていく。具現可能だからそれでいいと。ここから出来上がったものはもう別ごとになっている。それに対して、本質的な知的資本Yを稼働させる人がやっと出てきている。

て再発見できるものが、そこに知が配置される「享楽が禁止された」「〈他者〉の領域」との曖昧な接合点です。この〈他者〉を、私は「述語制界」と配置換えしている。ゆえ、分析言説の知的資本として、それは対象aを述語的に名づけていくことで知の配置をなすことを意味します。この対象aとは「享楽することへ向かう欠如」として再発見され、従体が自らを示す代理となるのですが、現実界の不可能を負っている対象にまだなっていない対象です*。

　ここにいろんな物事が隠れています。フロイトが配置した性的な神話はここでは傍に置いて、知的な次元でのことにおいて見ていくことです。「性関係はない」としたラカンの地平から考える。欲動の昇華が芸術、宗教、科学において「〈無─性化 a-sexué〉の〈もの das Ding〉」(性化されないもの) とどう折り合いをつけるかの次元です。享楽、〈他者〉、対象aの関係です。私たちにとっては、享楽、述語制界、対象aの関係となります。日本語の〈もの〉がタマから「物」「ことば」となっていく純粋疎外の移行関係です**。

　「性のシニフィアンがない」ということは、〈他者〉が原抑圧の場所と位置づけられ、パロール自身の場所と提示され、無意識はランガージュとして構造化されている、ゆえ、それは享楽を除去された場所である、とされました。それを受け私たちは、パロール自身の場所は、述語制のランガージュの場所であり、享楽が穴として身体の内部と外部と

** 場所に根差したプロジェクトは、必ず「国つ神」の配置を考慮に入れること。〈もの＞の文化資本がそれによって喪失されなくなる。商品経済的に遂行する人たちはマネーをもの化して、マネー次元へビジョンを落としていく。後者に資本は機能させられていかない結果をもたらす。

に異なる稼働を対象aとの関係で表出する、と考えます。享楽から知への関係において失われた対象aは、「剰余享楽」として、穴に欠落しているのです。第一のシニフィアンから第二のシニフィアンへ移行する＝代理表象する、その間の断層に「何か」が落ちる。それは、マルクスにおいては交換価値を使用価値に対して代理表象する、その移行の断層に剰余価値があるとされたことです。剰余享楽は、あるシニフィアンから別のシニフィアンに移行するその断層に落ちている〈もの〉です。これを拡張すると、ある概念空間が転移され別の概念空間へと移動する、そこには対象aの再発見における剰余享楽の落下がある。この〈plus de jour〉は、「享楽以上」でありかつ「享楽できない」ことであり、対象aと述語制界の曖昧な接合点の穴です。この穴を言説化するのが分析言説の知的資本です。ここを欲望の原因としてはならない。享楽欠如の欲望とは、別の言説、つまり大学人言説です。シニフィアン／シニフィエ、対象の関係から言説が構成される、その言説資本化に知的資本が作用しているのです。変換の知的資本は、こうした関係にある。

知的資本論において、「性化の言説」の存在論的関係を示してありますが、享楽する知と欲望の知との識別をはっきりさせておくことです。剰余享楽が異なるのです。

大外人言説は、シニフィアンを問わない。シニフィアンを根拠や資料がどこにもないと排除さえする。シニフィエのみを対象としてそこから諸問題を生産する。だが、実際の社会世界において、彼らは大学界を社会界から切り離す擬似社会界を配置し、そこでの制限された専門「業績」と地位と給与さらには名誉や権威を欲望する。そして、学生に対しては主人言説を履行する。シニフィエされた「知の可能性」のみを真理とする。この剰余享楽は、享楽の欲望への転移である。山本言説はアカデミズムではないと排除する。ラカンは大学言説に転移されてのみ受容され、マルクスはマルクス主義大学言説に転移されてのみ受容される。ラカンもマルクスもフロイトも、大学に所属していない！　在野ではない、大学／大学言説などを超絶しているのです。知の不可能の享楽にとっくんでいる。

知的資本と性的資本との関係の識別の問題がそこに構成されています。ですが、愛（正確には「憎愛」）と書くこととの隠れているものを媒介にして相互に関係しあいます。

性的享楽のシニフィアンはないゆえ、享楽がファルス的なものとなる。すべてがファルスのシニフィアンに還元される。ファルスが表象するのは主体＝従体ではなく、システムの外の「絶対」としての性的享楽です。それが性化の図式でした（それは論理的な知的図式）。剰余享楽とは、享楽においては限界を超えることは不可能であることを示します。

男性主体＝従体が性行為で幻想対象としての女性に出会う際の享楽の目標は、快感原則の器官的限界が障害をなし、失敗させ、再びやりなおさせる必要を示すものです。語る従体としての女性も、ファルスのシニフィアン、除去された性的享楽のシニフィアンに向かい合い、男性との出会において彼女が求めているのは、ファルスのシニフィアンです。ファルスがシニフィアンの位置へ高められ、男性の性を象徴化し、シニフィアンと〈他者〉

との非関係としてのシニフィアンであるファルスからなる。男はファルスが全て。女性の性の象徴化は「象徴界が物質性的なものを欠いている」ため、性のシニフィアンの欠如に由来する非決定の点です。シニフィアンの有限集合がない、ゆえ「女なるものは存在しない」と普遍性の不可能にある。ファルスの彼方で、補足的享楽、無限の享楽、〈他者〉の場所の断層のシニフィアンに由来する享楽と関係します。女はファルスが全てではない。

この先に、何が描かれるのか、それが「アンコール」で語られたことである「知の謎」になります。性的享楽のシニフィアンではなく、知の享楽のシニフィアンです。「アンコール」ではともに論じられたことですが、最後の章で、「知と存在の不一致」のテーマから、知の謎として括られていくものです。「書かれないこと」と「やめないこと」との関係です。「アンコール」は後ろから、つまりたどりついた地平から読み解いていかねば了解がどうしてもずれてしまう。

知と命題：知と真理

西欧言語は知ることにおいて命題を立てます、そこでの主述の関係が真理となるかどうか、アリストテレス以来の死活的な哲学的問題になっています。ですが、述語制界においては、主語がないゆえ主語＋述語の属辞関係がない。命題形式は成立しない。コプラはない。「知る」ことにおいて、ここは決定的な「普遍」問題であって、特殊問題ではありません。主語が述部を決定する主語的命題に対して、日本語は述部が統率する述語制界です。何も知らないとされている述語的場所が決めていくことに「知る」が存在していきます。知と存在の不一致なるテーゼにおいて、剰余享楽の穴が、決定的に違うのです。しかし、ラカンはこの断裂を超えるのも、述語制界への通道を開いているからです。ここは、パロールではなく、「書く」という次元での問題において示されます。

「書かれないことをやめる cesser de ne pas s'ecrire」から「書かれることをやめない ne cesse pas de s'ecrire」への「否定の移動＝転移」は、偶然から必然への転移ですが、必然は現実的なもの／現実界ではない。「やめない」によって必然が導入される (Encore, p.86)。かかる否定の転移 déplacement は、否定が一つの非存在 inexistence の場所にとって変わること。そして、性的関係とは「書かれないことをやめない ne ce pas de ne pas s'ecrire」ものであり、そこに不可能性があるということです。何もそれを語ることはできない、ということ。(Encore, p.132) どんな場合も決して書かれえないということ (p.87)

この「やめる」という否定的行為を「肯定」にして、「やめない」という否定表現が肯定行為になる、という「否定」の入れ替え。ここに、述語制の言語的表明が示されているものが潜んでいます。「書く」だと分かりにくいので「食べる」というより身体的なものにすると少しわかろうか。

「食べないことをやめる」とは食べなかったことを「食べる」ことにすること。「食べることをやめない」とは、「食べ続ける」こと。これらは、非存在を出現させることが否定であるとなっています。「食べないことをやめない」とはずっと「食べない」こと、非存在のままだということです。これは死んでしまう、ゆえ不可能です。

ここから、ラカンへ戻ると、「書かれないことをやめる」のはパートナーとの「出会い」以外何ものでもない。が、そこには性的関係が書かれないことをやめるという「錯覚」が与えられます。その「書かれないことをやめる」から「書かれることをやめない」と転移することで、愛がそこへ縛り付けられていくのです。

愛はすべて、「書かれないことをやめる」によってしか存続しないのに、「書かれることをやめない」へと否定を移す傾向をもって、やまないものとなり、やむことはこの先もない、となっています。これが「代理 substitut」（従状態、置換）です、性的関係ではなく、それとは異なる無意識の存在という道によって、運命を、愛のドラマをなしていく。（同 P.132）「永遠に愛す」と・・・・。このとき、想幻がないと同時に愛は死んでいるのですが。

しかしながら、存在そのものは愛であり、愛による存在への接近こそが、存在をしくじらせることによってしか支えられないものにします。そして、真の愛は、愛のテーマの果てしない転調をへて、憎しみへ帰着してしまうのです。（同 p.133）　憎悪=愛の〈憎愛〉

に固執するラカンであり、愛は騙しだと指摘し続けるラカンですが、そこへの批判は、まだはるかに先のことです。愛は要求の無条件性の中にある、哲学より文学の壮大な世界がそこにあります。

性的関係から追放された話存在は、その裂け目から情動を介して何かに出会っています。この何かは、知の水準では際限なく変化しています（同p.132）。性的資本とは異なる知的資本の場所です。書かれないことをやめて「書かれることをやめない」知的資本の必然のアクションです。それはさらに「書かれないことをやめない不可能」への挑戦が「真の」知的資本の場所であるということになります。知の享楽は孤独です。

世の知的資本論なる書の多くはここへまったく無自覚で、ただのシニフィエなる「知識資本」論でしかない状態にあり、その停滞をよいことに、社会関係資本を配置して知を気取り誤魔化して友愛を仮象しているものが徘徊しています。大学言説のままであるからです。

この「書かれないのをやめない」は、性化の定式と言説の定式との関係として、「一者と他者は論理的に真偽を確かめられない」現実界のあり方として、次節で述べます。存在命題の問題と言説機能の問題になります。真理叙述は知的資本Xがなすような単純なことではない。

始まりのための帰結

精神分析論のラカンで終わらせてはなりません。そこに知的資本の所業が課されます。ラカンはあくまで、物事を深く本質的＝実際的に考えていく際に通らねばならない「通道《パス》」なのです。通過の道であり、「何か」が開けていく上での、その際の思考の手法／ツールです。この通過は「閾」を超えるため困難な行使ですが、実際世界を掴む上での不可避なファンダメンタルなものです。知と存在とは不一致です、ゆえ知の存在を追究していかねばならない、そのとき後ろへ戻っていくのではなく、不一致の彼方へと突き抜けていかねばなりません。「不一致だ」と知識所有してもなんの意味もない。つまり、欲望を消している想幻化パワーの働かせ方を転じていかねばなりません。知的資本の意味と力とは、そこに関わることです。幻影（ファンタジー）についてラカンは多々言及していますが、享楽を欲望へと転じる想幻化が幻想やイデオロギーにおいて作用していく、そうした逆パワー関係がある。それに抵抗して、享楽シニフィアンを知の享楽において作用させていく想幻化パワーを転移的に働かせるのが、私たちが領有し活用しようとしている知的資本でありかつ情緒資本です。想幻化はシニフィエがないシニフィアンス signifiance の場所での働きです*。知の獲得を知の行使へと同化させていくのが資本の作用です。これは実践ではありません。マルクス主義化されたラカン主義者たちが見えていないことです。そこを掴まないと、ラカンだけで事足れりとラカン専制主義に落下する剰余享楽に落ちいることにもなります。ラカン主義者たちの妄昧に付き合う必要は

* シニフィアンス signifiance は、シニフィアンを作動させていますがシニフィエ＝名づけられるものを持っていません。対象 a がそこの場所を引き受けている。想幻化は、そこに根源的に、名づける作用していると考えられます。この理論生産には、もっと時間を要します。

ありませんが、ちょっと手を抜くと自分自身がそこへ落っこちてしまいます。
　ラカンは分析言説の知的資本を稼働させていく上での出発点でしかないのですが、現代においては不可避の出発点です。優れた思想・理論言説を終着点にしてはなりません。他方ラカンなき知的思考は、知と存在の不一致から知の欲望へと落下して、欲望が取り除かれた「社会言説」の円環する世界へと正当化を配置して、力関係を意味連関へと配置換えしていくだけの擬似スコラ学問・思考になります。大学アカデミズムと科学主義の知的思考が、感情資本主義と感情専制主義を増長させていく「今」の世界です。
「思考は享楽である。分析言説がもたらすのは、すでに存在の哲学において手をつけられていたことだが、存在の享楽があるということだ。」(Encore, p.66)
　知の享楽として、知の転移と配置換えとは可能なことですが、不可能な現実界に直面してこそ可能になることです。対象にされていない対象aを述語制界に探究する知的資本の行使です、新たな言説の生産と獲得の享楽です。そこを既存の近代知哲学の認識に還元してはならない、特にマルクス主義へ還元してはなりません。大学言説／科学言説へ止まっていてはならない。そのためには、批判理論を「しっかり」領有していかねばならない。この「しっかり」とは大学言説へ後退させるな、ということです。否定的肯定を切り開くことです。知のシニフィアンを知識のシニフィエに鍵留めするな、ということです。

以上のことを最低限に知的資本は自覚しておかないと、他者を裏切り騙し、自分をも裏切り騙し欺いていくことになります。知的資本で無邪気に、物事がよくなると欺き続けることが、実は知的資本Xの中で、知的資本Yを騙《かた》りに使っている仕方です。可能と不可能との分離が実際にはないことをいいことに、私のホスピタリティや場所や文化資本を、金儲けの手段に使う人たちが出現し始めています。詐欺もどきに近いあざとさ。真摯で誠意があり自分なりに現場との格闘の中で使う人には許容していますが、不誠実な騙しの横行に注意されたい。知見を独占しようとしているんではありません、心して真摯に使おう、ということです。そして自身でラカンと格闘すべきです。知的に、いちばん訓練される作業です。すると、他の言説は容易に了解できるようになります。

了解とは、言説によって対象と自分との関係づけに、何らかの変化が起きることです。その言説は、関係づけの場所配置を内包摂している。意味するもの＝シニフィアンと、意味されたもの＝シニフィエと、対象（生産物）と、自分自身が被っているもの、との関係作用です。了解はそこから開けます。

知的資本Xと知的資本Yと図式化していますが、それぞれの領域／界は広大にして複雑です。Y界は『哲学する日本』の書全体で論述。関わる考証を私は五十書以上の著作をなしながら了解したものを単純に図化しているだけですので。誤解なきよう。

❷ 言説と知的資本：真理と社会言説

知的資本X／Yは、思考のツールですが、それぞれ異なる界を構成しており、その原理は両立不可能です。分析言説が、その双方を見ることができ、違いを対抗的に識別しえますが、Xで作用している大学言説はYを観ることも考えることもできません。排除さえする権力作用を行使している知的資本Xです。それは、近代化・産業化において有効でしたが、今や現実それ自体を見れていないことを意味します。

ここでは、言説と知的資本との関係をさらに説明していきます。

ラカン的な思考をそのまま言述したなら、それこそ訳がわからなくなるだけですので、物事を解析するとき思考技術として背後にもちながら、ここから先は、論理の基本がぶれないよう注意しながら平叙文的に語っていきます。

知的資本が立脚している知／言説の基本界があります。それは、序で示したように、近代西欧的な原理である〈主客分離、主語制＝主体、社会、自己〉の知的＝哲学的な概念空間（知的資本X）があり、それに対して〈主客非分離、述語制、場所、非自己〉の日本原理が有している概念空間（知的資本Y）との違いに立脚する基本界です。この二つの異なる基本界は、すでに実際に存在しています。近代以前にはまた別の基本界（エピステーメの地盤）がありますが現在を考える上では、まずはこの二つでいいかと思います。Xの排他的な独占、その幼稚さと横暴さから脱するためです。大きな世界の違いから、非常に小さい場所にまで実定化されている違いゆえ、「基本界」です。フォークと箸、鞄と風呂敷、洋服と着物、などの道具・物の違いとしてすでに実在しているものです（次々頁図）。何より言語構文の違いとしてはっきりと有ります。インド＝ヨーロッパ語と日本語との言語構造の違いです。ところが、知的資本X／近代知は、この違いを見ずに、食器、入れ物、衣服、言語一般と「同じもの」とみなして括る方向性をとります。

絵画や武術のあり方としても出現している違いです。その原理を私は掴んだにすぎないのですが（『哲学する日本』）、これまで原理として把捉されていなかったし、概念化もされていませんでした。しかし、実際の現実はY世界にあります。X世界は「商品」と「社会」からなる西欧的な仮象、「現実性の現実性」です。日本語に主語などないからです。

この基本界がいかに知的思考において使われているかの違いがさまざまな場面で派生していく、それをまずは掴むことです。

真理はいかに述べられるか

真理は誰にとっても同じ一つのものではなく、ラカンが〈vérité〉と〈variété〉とから〈varité〉と造語したように、真理は多様です。つまり、フーコーが言うように真理は生産される。例えば、「症状」はある典型的なものがあったにせよ、そこには共通の意味はない。個々人において症状は違うし、身体の状態も違うしその病のあり方は違う。なのに近代社会の病院では、共通の症状に個々人を当てはめる。症状＝真理は一つだ、いくつかの分類された症状が真理としてある、とされています。

近代でも多様な真理、言説があるのに、それらを「真理は一つだ」と規準にする。「真理はすでにあるものの発見だ」「言説は一つに統合される」「共通の言説によって生み出される分別や良識、常識がある」「規則・規範は統合されている」などと、「客観へと総合」されているものが真理とされています。「客観への総合」は、主観なるものを概念化して分離していることからなされるのですが、そこに機能している言語は、主語に述部は従属し一致されることが真実だ、という命題形式の基本界が形成されています。国家のもとでいかに多様なエスニシティがあろうとも、多様な集団、多様な諸個人があろうとも「一つの社会」「一つの国民《ネイション》」が一つの「民族国家」として均一・均質統合されれ

主語制(客観)の世界 (知的資本X)

Taro
is making
pizza　at home

Xマスツリー型（語順は固定）

The train came out of the long tunnel into the snow country.

I
- have time.
- have a son.
- want this house.
- wnt to see this.
- understand French.
- need time.
- see Mt.Fuji.
- hear a voice.
- like Paris
- have seen it.

主客分離
主語制
社会
自己
商品経済

引用：金谷武洋『日本語に主語はない』(講談社選書)

マネ「婦人と扇」

司馬江漢：洋画

述語制の世界（知的資本Y）

国境の長いトンネルを抜けると雪国であった。（川端康成『雪国』）

ぼくは、うなぎだ。
こんにゃくは、太らない。

家で　太郎が　ピザを
つくっている

盆栽型（語順入れ替え可能）

時間		ある
息子		いる
この家		ほしい
これ		見たい
仏語	が	分かる
時間		要る
富士山		見える
声		聞こえる
パリ		好きだ
見たこと		ある

主客非分離
述語制
場所
非自己
資本経済

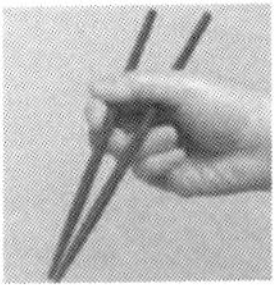
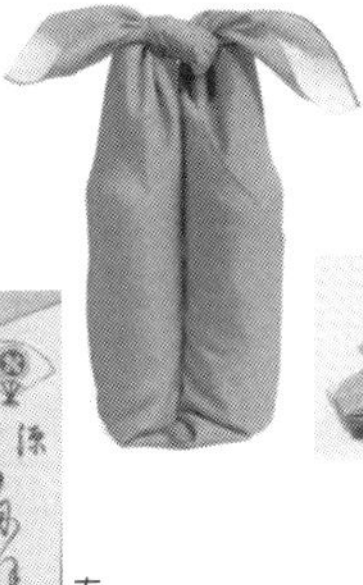

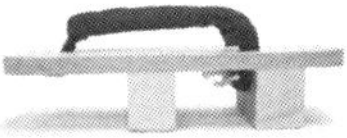

春信

広重：浮世絵

るものです。〈国家―社会―国民市場〉の一つの系があるとされる。そして、諸個人は分離されて個々人としての自我を有し主観を有し、「語り、働き、生きる」個人としての人間であり、実践行使する自己主体として確立される、とされます。その言語は一つ〈国家語〉であり、労働形態は同じであり、生命的身体構造は同じ内臓・神経系・骨格を有していると客観化されます。〈人間―個人―自己―主体―自我〉の系が基本界となっている。そして世界は国家間の均衡であり、その下で多様な個人なるものの自由があり（あるいは専制の抑圧があり）、国民経済市場が交通する世界市場だ、ということです。

この〈一つなるもの〉の客観統合が主客分離の基本界です。A is B. としてA=Bだと、一つへ「正しいこと」として純化されていく、否定的なものを非真実として排除していく思考形態になっています。統合、集中、均一、均質、集約、結合、といった〈同じもの〉が上位にたてられる基本界であり、そのもとでの多様さが保証されることが自由、個性であるとされていますが、同じ原理に従属してこそです。日本・日本人という一つがあり、その下で多様な諸個人がありうる。この日本なる一つは、アメリカでもフランスでも中国でもない、「ナショナルな日本」と意味されたもの《シニフィエ》として識別されます。「一者」l'Un が配置されています。ここでの真理とは「意味されたもの signifié」で、シニフィエされていなければ真理と見なされません。

男と女の区別はある、性関係はある、という知的資本Xです。それに対して、性化の量子的定式 les formules quantiques de la sexuation を配置して、性関係はない、とするのが知的資本Yです。性的資本論❶にて述べました。

真理は一つでなく多様であるという基本界Yは、非分離の論理によって構成されている述語制の世界です。客観と主観の区別はない。主語は言語構造にはない。一つなる社会ではなく、多様な場所の多元的な世界です*。ここでは真理は「意味するもの signifiant」としてまだシニフィエを有していない次元で作用しているものです。

これは、近代へ分離として帰結したものを、その地盤から「転移 déplacement」することをもって探究が始まります。エピステーメの転移であり、そして認知・認識諸構造の配置換え disposition であり、実際行為の内転換 inversion によってなされることです。

しかしながら、これは元々から近代以前から在った世界なのです。そこから、近代なるものが分離体系として離床してきたにすぎないのに、その地盤が忘却されているため、自覚に載せられていない、分かられなくなっています。カバンも風呂敷も物を入れる・包む同じものだ、箸もフォークも料理を食べる同じ食器＝道具だ、とされてすまされてます。英語もフランス語も日本語も国家語として異なるが、同じ次元で主語・述語の文法にあるとされてしまっています。

* マネジメント界でも、一様ではなく多様で公正であることが大切だとされてきたのに、今や急速にその多様性が否定されてきています。メタ社、ウォルマート、マクドナルド、など経営方針を切り替えてもとへ戻っている、それは新たな言説が了解領有されていないため、前へ進められずに、政治権力関係によって後退させられています。

知的資本Xが、肯定形式で真理を確定していくのに対して、知的資本Yは否定形式から真理を探究していきます。「我考える、ゆえに我あり」に対して「我考えない、ゆえに我なし」です。「性関係はある」「女はいる」に対して「性関係はない」「女はいない」です。これは、ただの否定で決着づくのではなく、そこから思考を出発させます。Xが決着づけているものを否定して、その否定から考え始めていくのです。それはXにおいてすでに否認されてしまっており、真理・真実から排除されてしまっている物事です。

知的資本Yでは、「言説の四土台 quadripode des discours」から、「四言説の定式 les formules de quadrediscours」（主人言説、大学言説、科学（ヒステリー）言説、分析言説）を配備して、世界を考え、その中から「分析言説」を知的資本の軸に選択配置しています。（この編成過程は本論の書で詳述、最終が下図です。）

他方、「性化の四定式」があります。

この相互関係があります。「性的存在はそれ自身に寄りかかっていない」のです。

そして、さらにボロメオの輪から考察される世界があります。

知的資本Yはこれらの関係を機能させる思考（トポロジー）です。Xからはなんのこっちゃ、となるでしょう。

言説の四土台

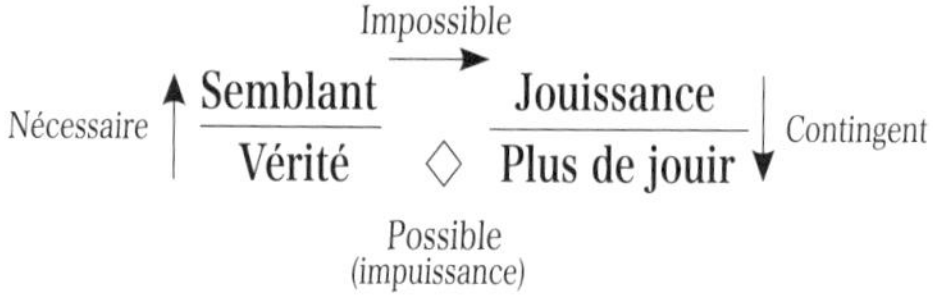

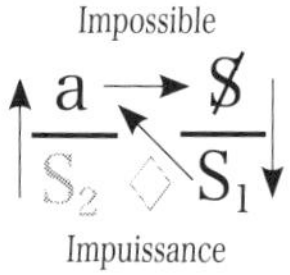

分析言説

真理の変換、真理の生産へ

主客分離の基本界から主客非分離の基本界への切り替えが「知の転換」ですが、それには、概念空間の転移が要されますが、その移行は連続ではない非連続の「変換transfert」によって確証されながら移行されていきえます。近代哲学の概念空間によって考えられてこなかった領分Yですが、とくに日本では、道具技術やアート、さらに言語そのものにおいて、かつてから文化基盤として存続してきたものです。つまり、変換は、変換(近代変換)に対する変換として歴史本質的になされることを意味することになります。

「変換は愛からである。愛を破壊するほどの、新しい形をなす感情 sentiment である」、とは人格的な仕方ですが、しかしそれは「知へ向けられた愛である」とラカンは言いました(AE, p.557-8)。この愛とは、つまり存在効果の愛ではなく、配置されている知を媒介にして、対話・交通の過程で、話存在が変換されていくことであり、ここに「変換の知的資本」の関わりがある、と私たちは配備します。主観の感情のことではない、と。

つまり、「主客分離の近代知／言説の知的資本」Xを、「主客非分離の新たな知／言説の知的資本」Yへと「変換する知的資本」Zが、同時に後者Yを再発見し形成していくことです。「知のくびき joug de savoir」を解くのです。それは近代でXへと変換された界総体の根拠を見つけ出す変換であるゆえ、遡及的効果なるものを常に自覚しておかね

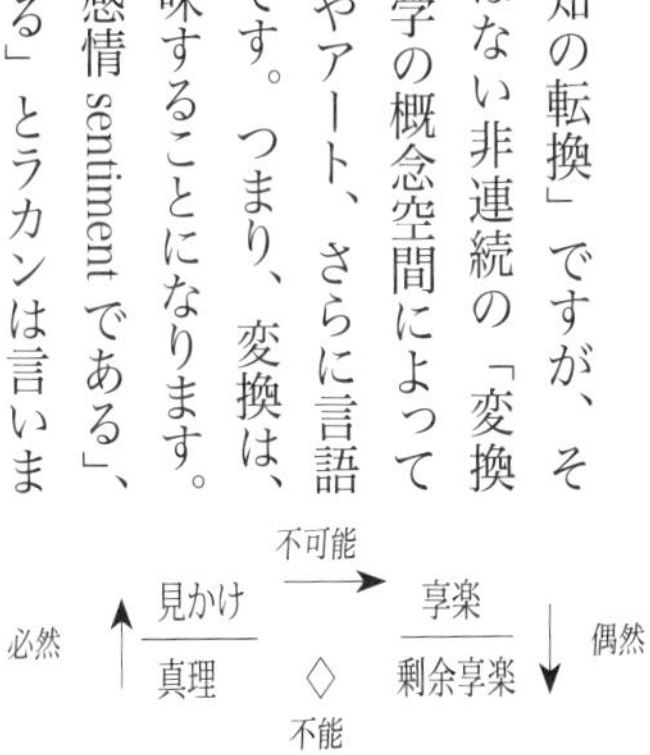

ばなりません。過去へ戻ることではない、新たなものを開き再構築するための変換です。

つまりこの基本界の転移／配置換えは、すでに非分離の述語制の知的資本に立脚しています。歴史的に見ていくと、実は、X界はY界から疎外離床してきたことが見えてきます。先にあるものは、実は以前にあった、「前」「先」という日本語の意味は、これから先の以後でもあり、かつ以前の過去のことでもある。Y界の変容・転移の歴史過程においてX界が出現した、それに遡及しながら先を開いていくことです。英語にも主語はなかったのです。近代の日本語口語体は、述語言語である日本語から疎外形成されたものです。ゆえ、いまだ、主語なしに日本語の話存在は話し書いています。

知は一つではない多様であり、知は転移されうる（歴史的にそうなされてきた）、つまり新たな形成・編制へと変換されうる、ということが可能なこととしてなしている思考技術を知的資本Yは使います。このとき、もう、〈一つなるもの〉のシニフィアンが、主人、指導者、司祭といった形で具現化されてきた主人言説を担う「他者の一性 unarité」に向けられたものを離脱して、さらに既存のもののシニフィエのみを対象として問題を探し、その限りでの問題解決可能へ閉じていくという大学言説の「真理の一性」に向けられたものを離脱しているのです。〈一〉とは二、三・・・へと順番化されることだけでなく、「全体」のことも指す言表でもあります。

愛とは、人が理性を変える change 印であり、それは言説を変えることである（Encore, p.20）。新たな言説は、何事かを「言う」ことに基づいている。そこには「手段の真理 vérité du moyen」が作用して、S_1 と S_2 の必然の意味関係（シニフィアンとシニフィエの関係）を揺るがすことがなされうるのです。

かく述べたラカンは、そこから四つの言説の説明に入りました。この四言説は、世界中で論議されかつ使用されたもので、それはつまり、私たちの言う「変換の知的資本」に位置づけられうる知です。獲得が目的とされる言説ではない、物事を考えなしていくときにすでに使用されている言説です。真理は、言説によって語られます。ラカンの四つの言説は一九七二〜三年のセミナーで論じられたと知られたのは、その書『アンコール』が刊行された一九七五年でした*。いわば後期ラカンで、集合論的思考から脱してトポロジー思考が中心になってきたころです。前後のセミナーが刊行されておらず、何を言っているのか、最初は誰も分からなかったのではないでしょうか。この言説が磨きあげられていく論理構成の過程は、「知的資本論」で明らかにしています。まさに知の転換がなされていく過程です。ここでは翌年のセミナー«Les non-dupes errent»から考えます。「騙しではない」ということが誤りだということです。X界では、騙しは誤りです。しかしY界では、その否定になります。

言説理論といえば、ミシェル・フーコーとジャック・ラカンです。この二人が基本です。言説理論は、思想史=言説史として一九六六年にすでにフーコーによって提起され、一九六九年には哲学的にエピステモロジーの問題闕から開示されました。ラカンは当然、

* 実際はセミネール16巻(1968-69) で出現し（しかしミレール版でははっきり示されず)、17、18巻で定式として論じられ、19、20巻へと展開された。STAFERLA版では、この定式中心に示されている。

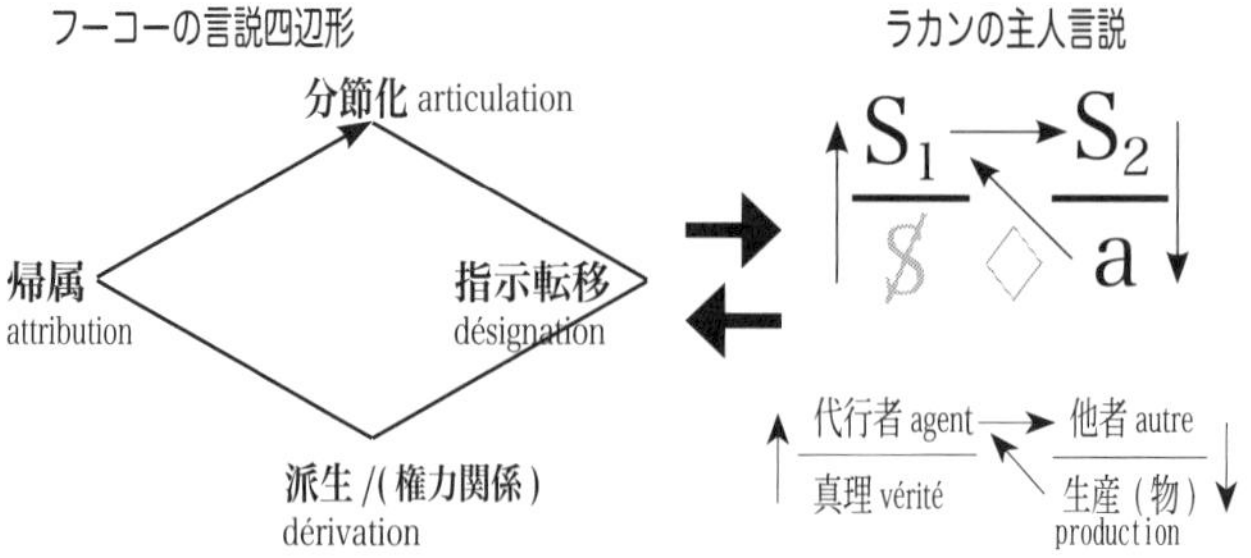

それを読んでのことですが、精神分析の方からまったくフーコーとは異なる言説理論を提示してきたのです。

それは、基本型として上図のように示されます。それぞれ基本土台が四根からなる四つとして同じですが、構成内容はまったく異なる知・言説です、共約不可能、両立不可能な言説です。しかし、対象とされる言説なるものは一つです。分析・解析の仕方、アプローチがまったく異なるということです。

構造論とは、この不可能を生産した理論言説ゆえ、総体が力を発揮しました。ピアジェのように、また構造論を批判する論者たちは、この両立不可能性の言説たちによる共謀に異和感と不快を覚えたと言えるのではないでしょうか。共感側・継承系と異和感側・批判否定系とに真っ二つに割れたと言えます。

しかしながら、私は、この両立不可能性に対して、相互共約次元を切り開いていきます。そういう知的資本を形成します。それが「変換の知的資本」です。不可能へは挑戦していくことです。そこにこそ、知の転換、言説理論生産の意味があります。

【言説の四土台】 左上は「agent」から「semblant」へと置き換えられた。「代行者」から「見かけ」です。「見かけ」は決闘シーンで見られるよう、嘘・偽りではない。「働きかけていくもの」です。右上は「他者」から「享楽」へと入れ替えられましたが、働きかけられる「他なる対象」のことです。生産は、「剰余享楽」へ。「生み出されたもの」です。「真理」は変わっていない。この移転は、本論にて詳述。

四つの言説　ラカン

四つの言説の基本的な特徴は本論で詳述しました。ここでは、その言説の応用から私自身が開示した意味を説明していきます。四つの言説の作用の仕方が異なることです。

四言説は、ラカン自身もそうですが、何度でも立ち返って考えていかないと自分のものへと領有されませんが、実際に物事がなされているところに作用させられている言説です。意味するものS_1、意味されたものS_2、対象a、問題になっているもの$\$$、この四つの項termes／根が〈quadripode〉（四脚）の上で順に回っていきます*。〔pode とは footed の意味で、tripode は三脚です。〕

主人言説M：基本は主人言説です。主人が奴隷へ働きかけ生産物（肛門 anal）を生み出す（隷従を生み出す）仕方です。これは、そこで起きている問題を問いません。奴隷への支配作用が循環されていきます。後にヒステリー言説（科学言説）が起点とされ次頁下図のように配置。

大学言説U：主人言説を反時計回りに。意味されたものS_2から出発し、それだけを対象にしてa、そして何が問題になっているか$\$$を生産＝見えるもの scopique として明らかにします。問題探しが循環します。これは「意味するものS_1」を問いません、恣意的でしかないと排除さえする。証明できないものが不可能さです。

科学言説H：主人言説を時計回りに。問題$\$$から出発し、そこの限りで「意味するも

* 4項の順はフィックスされて、ステップ pas していく、起源もなく出現する émergence「共時態 synchronie」にありますが、移動回転することで、切り離し disjonction がなされ、言説の性格が変わります。統御 maîtrise しない統治 gouverner の不可能性 impossibilité が、4項の共時態の不能さ impuissance に翻訳され、知に命じる。(AE, p.444)

のS_1」を対象にして、意味されたものS_2を生産します。実は、これは対象自体を問うていない、欲望を活気づけ知の不能を生じる。（ヒステリー言説のことです、論理的な病者の言説でもあります。）口頭 oral として隠されているものが、真理の場所にある。

分析言説A：大学言説の反時計回り、科学言説の時計回りから配置される。対象自体 a（声 vocal）から出発し、そこに出現している問題$\$$を対象にして、「意味するものS_1」を見つけ出す＝生産する。「意味されたものS_2」はシニフィアンと一義連動していないゆえ、真理の場所に現される全てを疑念に付すということ。

　これらは、実際は簡単なものではなく、いろんな理解、応用が効くものであり、論者によって理解が異なりますが、これが現実世界を掴む四つの仕方です。この序説では、変換すること／変換させないこと、の問題を規準にして述べます。つまり、知的資本としては、不能と不可能との間で、どの言説を使用して言動をなして、どう帰結しているか、その知の働きを規制しているものを探る。

　主人言説は頑なに、大学言説は真摯に、問題を探しながら、ともに変換に対して旧態のものを守ろうとし（科学言説は作り出したものを守ろうとしたり脱しようとしたりしますが）、分析言説は見出されていなかったものを見出そうとしていきますが、決定づけをしません。不能の様態が異なる。どの言説を使うかで、知的

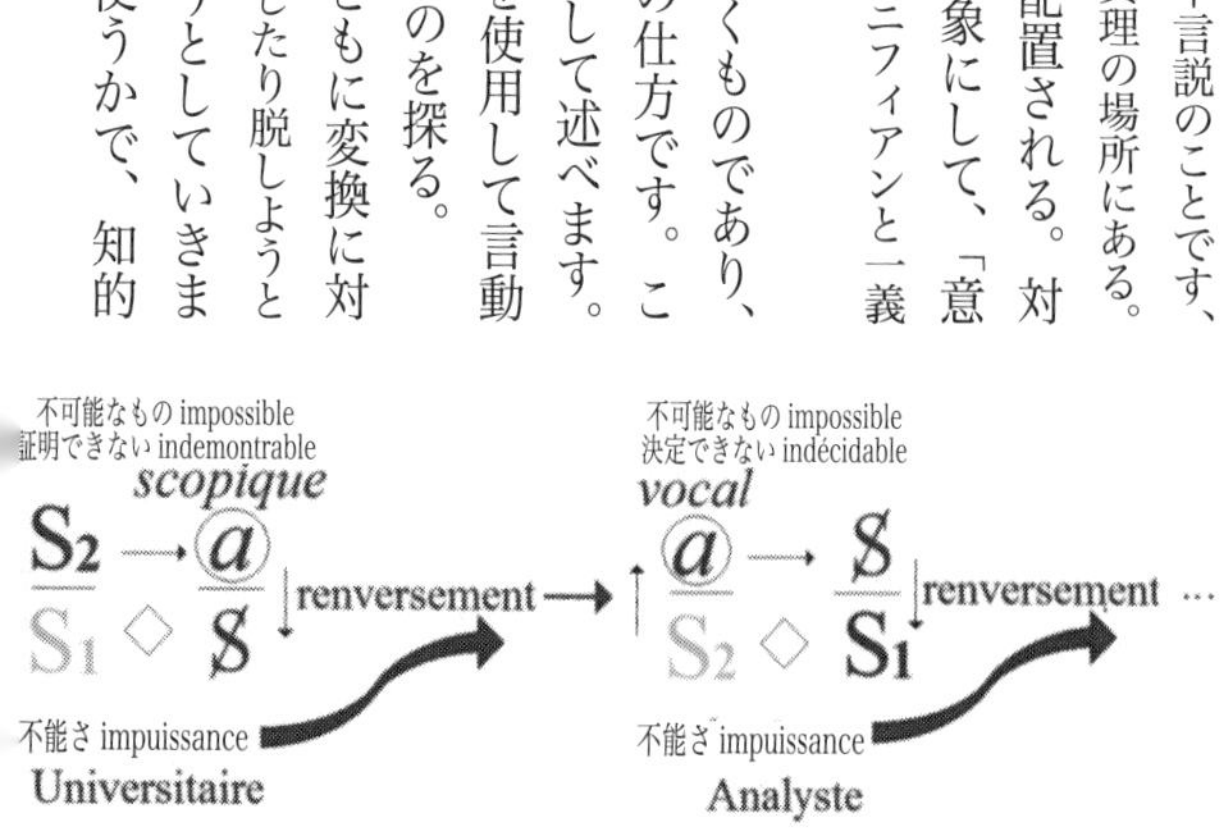

資本の作用が規制されます。守ることも変換の派生であるのです。

「知の愛」かつ「知の意志」は、解読と意味の生産によって配置されています。「知への意志」ではない、知自体が述語意志を作用させているのです。意識主体から離脱しないとそこが「分からない」(=分節化されない)ことになります。もうすでに1節を了解されていればお分かりのように、解読不可能な現実界においてのこと、つまり言語へ通過していくことがなせるのは、不可能な現実界においてであることを忘却してはならない、ということです。「変換の知的資本」には可能/不可能が非分離にある、それは対立と排斥の関係ではない。可能なものから不可能に直面し、不可能なものから可能なものをなしえるのです。

ただ大学言説に陥ってしまうと、知の転換は永遠になされない。すでにシニフィエとして固定された正解=真理を最初からそれは持っているため、そのシニフィエ真理の不備な問題やその正解/真理の答えがもたらす問題のみを既存の枠内で考えるだけです。新たな発見には至らない。シニフィエされた真理の枠内で問題を常に探し当ててその解決をなそうとしていますから、客観的であるかのように見なされますけど、さらなる問題が発生して、その解読が繰り返されていくだけです。永久に、その根源であるシニフィアンは見つかりません。

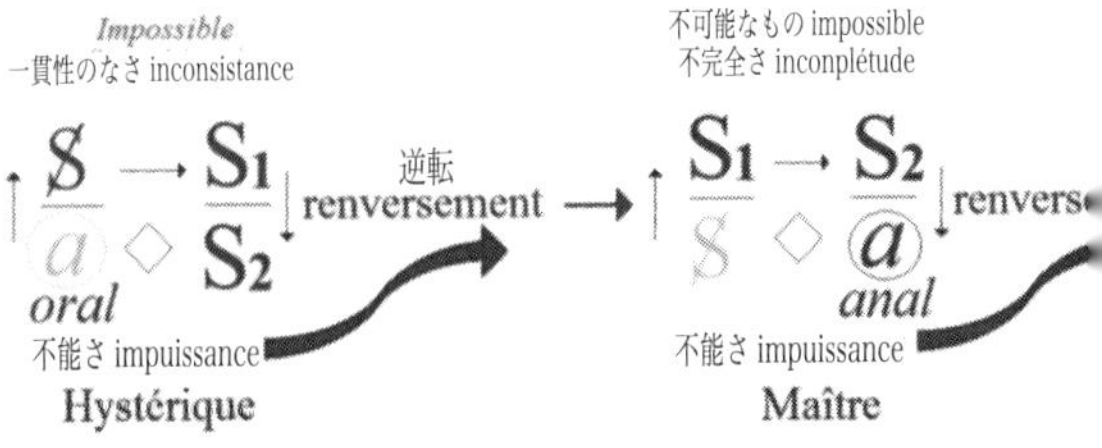

ラカンやフーコーが知や言説のあり方を明らかにしていた一九六五〜一九七五年前後から今日まで、いまだにそれは大学知において排除ないし無視されて、若い人たちが領有できる場にはなっていないどころか、新たな知の転換をなした言説まで、大学言説へと後戻りさせられる仕方で理解されていくことにさえなっています*。日本だけでなく、大学はこの再生産をしていかないと持続できないからです。

一九六五年、アルチュセールたちが「資本論を読む」でマルクス自体の了解の理論プラチックを転じ、一九六六年にフーコー『言葉と物』、ラカン『エクリ』がまったく異なる言説世界を示した。グレマス『構造意味論』、バンヴェニスト『一般言語学の諸問題』、ブルデューたちの『美術愛好』、マシュレ『文学生産の理論』が同年。先立って、一九六二年にレヴィ＝ストロース『野生の思考』、クーン『科学革命の構造』、ドゥルーズ『ニーチェと哲学』があった。一九六七年にデリダ『グラマトロジー』『エクリチュールと差異』。その間にいくつか書を刊行していたカンギレムが一九六八年に『科学史／科学哲学研究』を、そして一九六九年にフーコー『知の考古学』となる。レヴィ＝ストロースは同時期に『神話論理』を刊行し続けていた。一九七〇年ブルデュー／パスロン『再生産』、一九七一年イリイチ『非学校化社会』でどんでん返しがなされ、そこから一九七五までに教育理論は大転換し、八〇年代末まで人文科学・社会科学の理論地盤はいろんな分野で、緻密に転移される。言説転移は知の不可能の壁を突き破って可能になされたのです。

とくにフランスでは制度的にソルヴォンヌ大学をはじめとする大学側と社会科学高等研究院との制度的対立がシビアに繰り広げられ、最高権威のコレージュ・ド・フランスの就任選択で揺れるのですが、一九七〇年のフーコーの就任が象徴的であり、一九八一年ブルデューが就任

* ランガージュは享楽を顕にし、一時的に現実化する幻影を浮かび出させるのですが、それは客観事実ではないと棄却し、知の創始者であることを想定したものにおいて、そのシニフィエとして取り上げる仕方をなす。言説はこう言っているではなく、「ラカンは」こう言っているとへし曲げる。

します。一般市民への公開講義の形態なのですが、人が溢れて聴講されている。私はブルデューに呼ばれて一度だけ聴講した。会場は座りきれない人たちが床に座って溢れていました。難解な最高度の思考が、一般聴衆へ向かって語られている。難しいものは聴衆には届かないと敬遠される日本では絶対的にありえない光景です。フーコーの時は、別教室にまで溢れていたと聞きます。この講義録はフーコーでは、死ぬまでのものほぼ全てがすでに刊行されており、今ブルデューの講義録が刊行中です。ラカンのセミナーはこれとは別に、ミレール監修で刊行中ですが、それと違うSTAFERLAとしてネット上で全部を見れます。あまりに違う箇所がある。

理論転移が可能界へと引き出されますと、同時にそこへの批判や反駁も噴出します。世界中で、英語圏、独語圏、伊語圏、西語圏で、それが巻き起こる。後進国日本をのぞいてです。

そこで転移による批判から鍛え上げられ、反動の逆作用として「変換させない」ように、さらに無意識的な構造へと構造化されていくのが、「社会の実定性」であり、「主体の確立」であり、「大学言説」の支配強化です。商品経済の消費的氾濫と並行して。

ミシェル・ペローさんとパリで食事したとき、フーコーと既存の歴史学者たちとを交通させようとしたが、まったく対話は成り立たず、双方自分の立場を強靭に固辞したと聞きました。相互の反発はすさまじかったと。対話不能の知の激闘がなされていたのです。馴れ合いで陰口しあっている日本にはない光景です。社会科学高等研究院のロジェ・シャルチエとトロント大学のイアン・ハッキングを日本に招いた時、二人に私の研究所で対話してもらったのですが、大学の可能性をまだあるとするハッキングに対してシャルチエは「絶対にない！」とすごい迫力で大学を否定した。立場の徹底には驚かされました。二人とも、その後コレージュ・ド・フランスの教授になっている。私が大学への対峙に手を抜かないことは、イリイチや彼らから学んだ姿勢です。

現在では、現実を最悪なものへと構成し遂行しているのが、四つの言説から転移構成されている「社会言説」と「大学言説」との結合です（後述）。自分の領土社会＝国家を守るために、戦争を仕掛け何万人をも殺戮していくことを平然となしえている知性・情動がそこから産出され正統化されています。その停止もできずに会議で話しているだけの不能化。専制主義の政治指導者も自由主義の政治指導者も、その言説の地盤はこの二つからなされているに過ぎない。日常で個々人の知的思考や振る舞いをなしているのも、この二つの言説に依拠してです。知識が行動から分離されている。現実を変革しようとしている人たちも、この二つの言説に依拠して考え行動しています。ともに、現秩序／混沌への包括的言説であるため、そこから脱せないでいる。新たなシニフィアンが見つけられていないというか、拒否・拒絶されています。しかし、それは対象である現実そのもの、対象それ自体を見れていないことを意味します。

性化の定式と言説の定式

ラカン言説内での定式の相互関係をまず見ておきます。性化の定式はファルス機能から存在命題と全称命題とにおいて男女の差異を示したものですが、この論理界と言説の論理界とは次元も対象も全く異なります。しかし、ラカン自身もここにボロメオの輪のロジックも重ねて、関係を考察しています。違うものから通約的なものを探究することで、それぞれの特徴をさらに明らかにしていこうという、知的資本Yの思考です。それは、先にも述べた「書かれること」と「やめること」（否定的肯定）との関係に重なるものです。

男は、必然と可能の界にありますが、女は偶然と不可能の界にあります。

大学言説は、書くことをやめない言説の再生産をなしていますが、必然の世界において、何かに服従はしない一つのものを持って自由を行使している、と思われています。

分析言説は、書かれないことをやめないで対象aの不可能のシニフィアンを生産し続けます。何かに服従していない条件をもったxは一つも存在していない、という規制を引き受けてです。仮象に陥っていないことを意味します。

男	女	
$\exists x\ \overline{\Phi x}$	$\overline{\exists x}\ \overline{\Phi x}$	存在命題
$\forall x\ \Phi x$	$\overline{\forall x}\ \Phi x$	全称命題

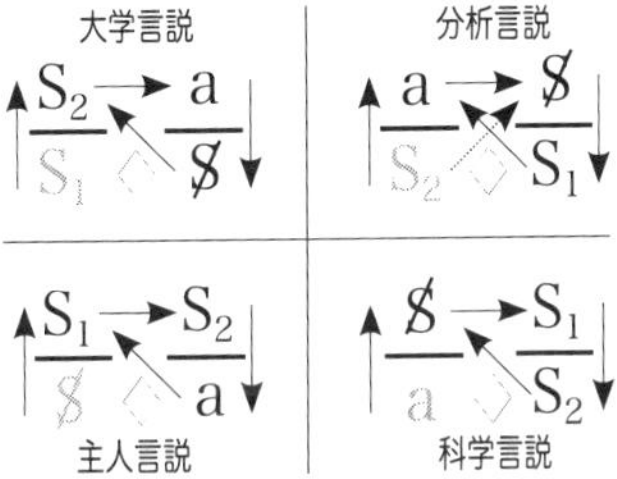

必然	不可能
書くことをやめない	書かれないことをやめない
全ての書くことをやめる	全ての書かれないことをやめる
可能	偶然

科学言説は、全ての書かれないことをやめることで、偶然の発見・発明をし続けます。主人言説は、全ての書くことをやめ、幻影の現実性に支えられて、考えることなく可能なことのみをなし続けます。

序説としては、こうした問題配置をしておいて、考えていくべき方向を示すに止めます。

真理は半分しか言えない

真理を語ることで、すべてを言いうるというのは、傲慢というより知の本性への無知です。知識をもっていれば物事に対応できていると思っているのは、ただの自己愛表現でしかありません。物事を自明だとみなすそれらは、書かれたものが目の前にあることに対して、目の前にあるものが何も見えなくなっていることです。人はすべてを語ることはできない。意味は一義的な〈一者〉ではないのです。むしろその一義的なシニフィエは「打ち損じている」ままに固定してしまっています。書かれたもの、語られたものは、シニフィアンと同じ境域にはない。「単純にシニフィアンはその効果であるシニフィエ(意味されたもの)とは関係がない」のですが、シニフィアンが恣意的だということではありません。シニフィアンはランガージュの働き方の一つの使い方に準拠するだけで、実際には滑っていく、シニフィアンにおいて欠如しているもののシニフィアンが、何ものでもないこととして働いているのです。それを見出すことは容易ではありませんが、真なる知はそこから=不能さから凝視されてしか形成されません。

そして真理がなんとか生産されたにしても、それは半分しか言っていないのです。もう半分があるということではない。不十分ということではない、語り得ない、書かれ得ないことが、不可能として残滓=残余している、余っている、ということです。言い換えれば、真理の生産は欠如なる剰余を派生させています。マルクスはマルクス主義というマルクスではない剰余を、欠落として過剰なほどに生み出しました。マルクスの次元へ至り得ていないマルクス主義群です。欠如は剰余なのです。不足や不十分ではない。「私は私が知らないことを話している」、それは知っている以上のことを語っているのですが、それを知らない、ということです。

知と客観知識との区別　真理の権力の場所

客観への綜合が、主客分離の知的資本／大学言説ないし科学言説によって目論まれています。それは、シニフィエを見つけそこから対象になりうるものを選択し精錬化し客観化するのですが、科学とてすべてを客観化するのではなく測定不可能なものは切り捨てて測定可能なものだけを分析します。その分節化が、客観化の方法として、そこでいかなる理論が使用されるかまたは作られるか、その理論性の質や水準が問われます。ですがだいたい、対象に都合良いものが選択されるだけです。つまり主観の側がよしとしたものがそのとき使われるだけなのに、客観がシニフィエとして画定されているため、正統化されており、客観なることの取り上げとして主観のことは切り捨てている、と転倒されて、実際はそのように主観的に思い込まれているのです。ウロボロスはここに起きていますが、自覚はされないし、そうではないというシニフィエの整合性が対象を対象化する配置でなされています。そして、そこに限定された真理生産物へと転移産出されるのです。

地動説でいうと、天球の様々な動きが、天動ではなく地動だと転じられる。だが解析されていることは同じだ。コペルニクスである。なぜなら神への信仰においてそれを崩してはならないという派生が起きているため。ガリレオはその信仰に抵触したゆえ幽閉されたが磔刑にはなっていない。ブルーノは、コペルニクスに準じるも天球はないとしたため信仰世界に抵触し火刑された。ケプラーの師ブラーエは地球の不動性を維持し、他の惑星が太陽の周りを回っているとしただけである。弟子ケプラーは、分節化の理論そのものを転じ、つまり天球を消して地道への転移をなした、つまり神体系とは関わりない次元を開いた（不幸にもその日記の一部が漏れて母が拷問にあった）。

客観への総合において根源的に大きな問題とは、主観が「客観だと信じている」ことの方にあります。客観化の手法でなしたのだから、それは揺るぎない真実であると、真理を真実化します。真理は多様であるから、それを一つの真実だと主観化でもって客観化しているのです。（現在では、記述されたならそれだけで真実、さらに語りで否定されたなら真実は画定できない、という真実の内容理解なしの次元にまで一般化されている。）この穴があるゆえ、ブルデューは「客観者を客観化する」という仕方で客観化の根拠を明るみに出しました。ですが、「客観化を客観化する」問題閾を提起していながら解析していないため、そこに作用する言説の意味連関そのものに働く権力作用を見切れていません。恣意的なものを正当化する象徴暴力があると外在的にみなしているだけです。ここを、主体と対象との間主観の四肢構造だと論じる廣松渉のような「客観化」の仕方も、真理そのものの権力作用に気づいていないあり方です。

フーコーの四辺形に隠れている権力作用

フーコーは言説を、帰属／分節化／指示／派生の平行四辺形によって示しました。この中での「派生」は、真理そのものではなく、真理の外部性との関わりにおいて真理が派生的影響を生み出したり、外部からの規制を受け止める次元です。理論／言説自体の内容ではなく、その理論自体の派生効果です。派生に規範化の権力諸関係が関与している関係に置かれると、私は捉えています。

分節化から指示への移行では転移がなされる。désignation とは、記号化される指示が転移されることとです*。この転移と派生とから「問題」が浮き出して生産される。ここで、「問題を見つけられた」というのが客観総合の成果です。その解決として技術応用が開発される。

企業の自動車製造でデータ改竄がなされたのは虚偽を作っているのではなく、規範性を遂行する順応において、規範性の派生の方から真理を転移的に適合させたものであるため、なした行使者は虚偽をなしたとは思っていません。真理転移をデータ改竄でなして問題を解消した生産をなし

* désignation は、辞書的、慣習的には「指示する」ですが、signation/signer を dé- している。記号されたもの、つまりシニフィエされたものを引き出して、転じていることだ。この意味作用を「指示」だけではただ示すとなり、言説上の作用としては語り得ていない。転移作用が入っている。

たのであり、そこに「改竄」という問題が別系で派生として違反だと生み出されただけです。当事者はその派生における犯罪的裁定に驚いているだけで、責任はあるが罪はないと思っている。商品経済の規範的規制の下であるため、こうした逆生産が派生していきます。真理言説の構造からしてそうなっているのです。

派生規定から転移への逆ベクトルの権力作用が、出発の帰属関係から転移に対してすでに規制されています（つまり転移が新たなものへと開かれず、規制条件の受容として転移される権力関係規制）。言説の構造がわかっていないと、この次元での思考が働かない。廣松には認識論があるだけで言説論がない。これは欠如を批判しているのではなく、私たちの言う知的資本は認識論次元ではないということを強調しています。認識論的知的資本の作用の限界は、真理の権力作用を真理の客観性として切り離している言説だと言えますが、近代次元での二元論批判・二元論超克は、その効果を客観性の総合という枠でしか示さないのです。結果、実践による変革ということへの主観＝従観投企しかそれは生み出しません。理論と実践の一致だ、というマルクスのフォイエルバッハ・テーゼに対する誤訳・誤認です（知的資本論にて詳細に論じてあります）。

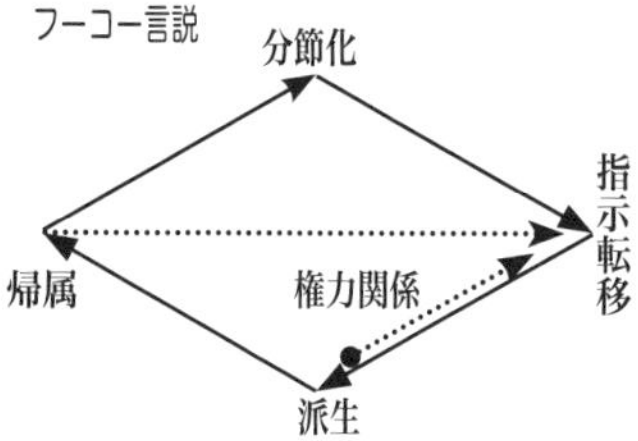

知は客観知だけではない、主観知も知です。それは「主客分離の知」Xを可能にしている知をも含みます。情動を知的・理性的ではないとす

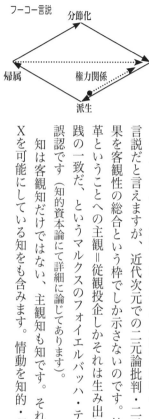

る主観知へ波及効果されます。ブルデューが指摘したように、主観は主観的人間主義へと転移強化され、客観は客観的科学主義へと転移強化され、分離されたままに置かれます。構造主義はとくにレヴィ＝ストロースですが、客観的科学主義の方へと膠着化しました。主観的（従観的）人間主義の代表がサルトルの実存主義です。サルトルを批判したメルロ＝ポンティを、体制批判する俺を批判するお前は体制支持者と同じことになる、という反批判のロジックになって出てくる。これらは、つまり、大学言説の真理試練の枠から出ていない論争です。

しかし、『野生の思考』と『弁証法的理性批判』とは、客観と主観（従観）との間の最も高度な対立と言えます。そこから、レヴィ＝ストロースによって、概念スキームの転換の場所が明示され開かれたのです。サルトルは、実存主義的な慰みしか生み出していない。

「主客非分離の知」Yは客観への総合という客観化思考作用ではない、述語制の探究の知的思考です。人間と自然とを分離しないし、自然と文化をも分離しない。情動を知性・理性から分離しない。（すると大学言説からは、あまりに非科学だと非難されます。）

「帰属」の位置に、主客分離を配置するかX、主客非分離を配置するかYで、分節化・転移・派生の構成が変わってきます。フーコーを参考にしながらも、私なりに知的資本の言説を見ていくべく、仮定的に配置換えします。遡及的に見るからといって表象体系

に戻ることではありません。近代の「先」を配置することです。(左図)
主客分離Xの「客観への総合」は、理論成果だとされているため、それは「正しい」とされ、その客観知を使う者は「正しい」アクトをなしていると主観化されています。

知的資本Xの言説編制

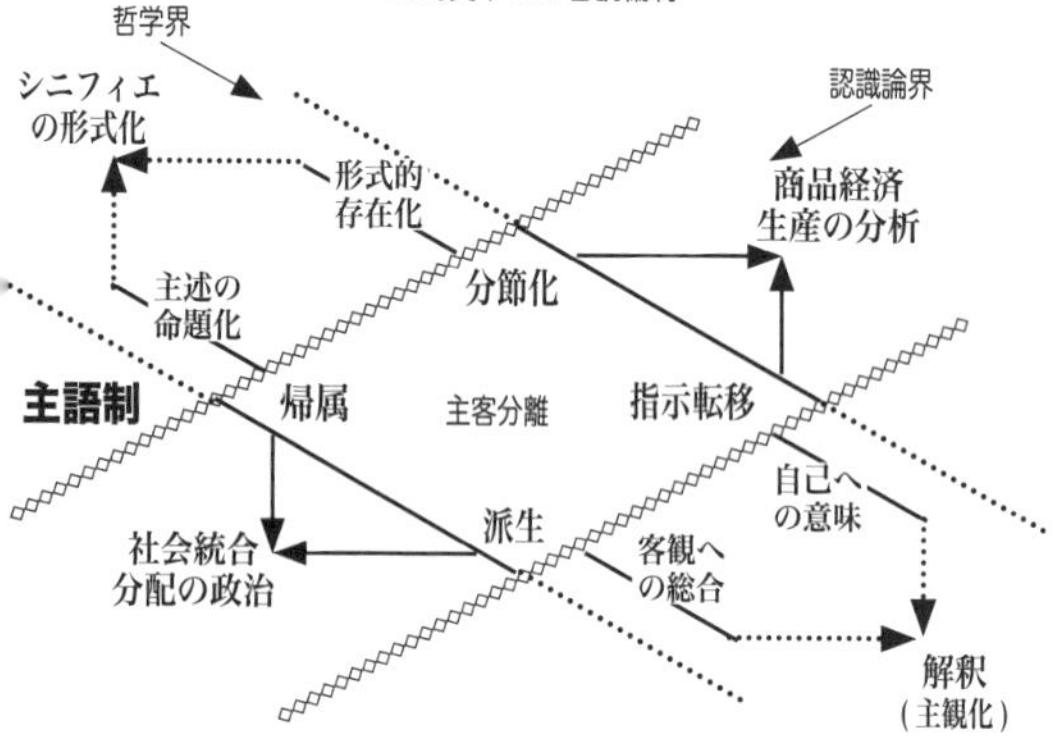

知的資本Yの言説編制

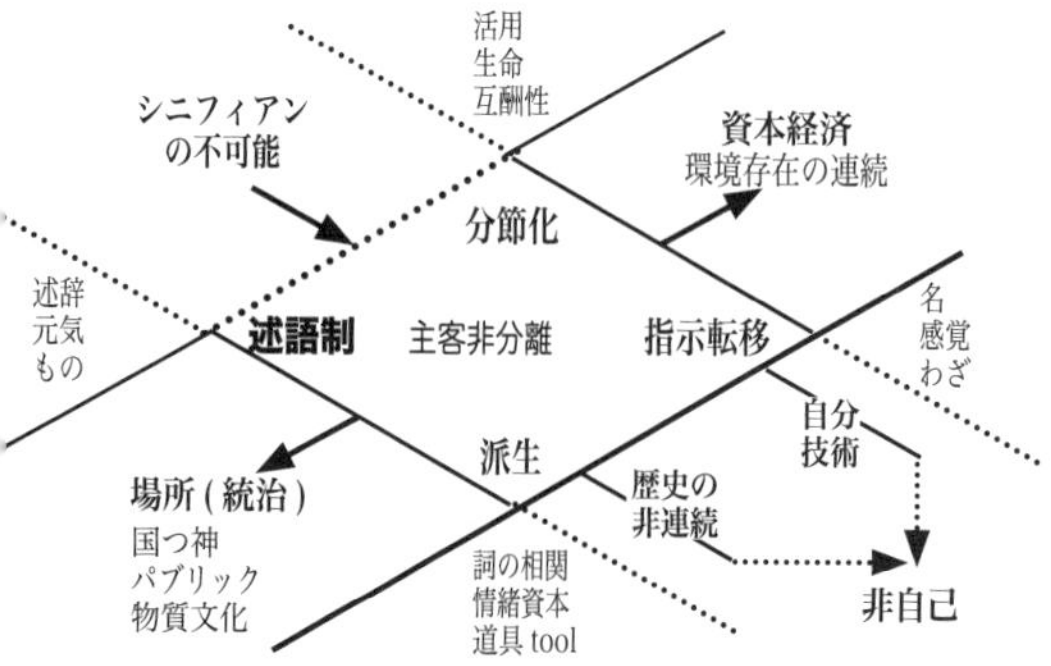

註：フーコーを参考にして、今後、検証されるべき目安として配置したものです。

自死した中学生の尾山奈々さんは、「教師が正しいことばかりを言うので困ってしまいます」、と遺書を記した。「正しい答え」は一つだと学校は教える。真理は唯一絶対だと「効果」させている。教科においても規則においても、日々の実際行為の規律においても。それは理論効果であって、理論自体の質ではない。のみならず正しさには従属せよという権力関係が作用している。廣松とブルデューとの対話に、ここでのずれがはっきり示されているゆえ読まれたい。

マルクス主義は、書記記号言述であって、現実を把握した理論生産になり得ていない（学生の時の大学闘争で実感。「政治資本論」⓬にて叙述）。客観への合理性の言述化でしかない言説です。まして、現実界の不可能、そこにおける知の不可能への自覚は皆無ですから、認識せよ意識化せよ、と傲慢に振る舞います。すると現実への対応で、客観分析の違いが実践投企の違いとして分裂していく。党派対立が派生する。これは日常では、考えの違い、意見の違いとして表層的次元でも分裂・対立していくものです。客観総合の従観化の効果です。けっこう深刻な対立が起きていく。客観化は統合設定しているゆえ、内部分裂の派生が起きるのです。客観化で把捉される力関係や利害関係の矛盾だけではなく、情動の違いが、共通善を共有できないのです。

ドラマの描き方で、籠城する強盗団とそれを鎮圧する警察団との緊迫した対峙で、双方に内部分裂が起きていく。『ペーパー・ハウス』はそれを実によく描いている。強盗団を指揮する教授は、計画の客観知を遂行するだけでなく、起きうる自体を想定しながら常に実際に起きてしまう出来事を客観化しながら「調整」を見出してしていく、その結果、取り締まっていた警察官のリーダーが必然のように強盗団の仲間になってしまう。警察ボスが自分利益を守るために規則を捻じ曲げて客観知を強盗逮捕の目的だけへと権力遂行しかしない。強盗団には情動が作用しあっているが、警察団には規則客観従属と主体の私的利益だけが作用しあっているにすぎない。規則の代行者として振る舞うことが、私欲の動きしかしないのです。

ですが、共通善を社会関係資本へ配置すると、意味の実質が何も問われなくなり、問題は残されたまま仲良しごっこへと辷っていきます。表面ではみな和気藹々としあってうまくいっているよう見えますが、無礼な排他権力を実際は作用させているのだということを、私は体験させられ、その社会関係資本の本性を見抜けました。共通善は文化資本として見出されていかねばならないことなのですが、そこに意味の対立が起きうるゆえ論争に共通善が要される、それを社会関係は回避し排除さえする権力関係をなしています。当事者たちには気づかれることもなく。シニフィアン探究を回避削除している仕方です。しかも知識を客観知へおいたままですから何の新たなこともなされていません。派生関係から、指示を権力規定させているのです。真理の欺瞞と騙《かた》り＝語りです。

客観知は、客観的ではないということを知っておくことです。客観への総合は不可能である、と。こういう指摘も、客観総合のアクト actes は、主観見解でしかないと批判してきます。現実界そのものを見ていないからです。できないことは引き受けないで、社会的関係を保つ権力関係作用ですから、文化的実質は見事に排除されていく。

言説理論の活用へ　フーコーとラカンから

何を知的資本へとり込んでいけばいいのでしょうか。それがすでに語っている言説の作用です。認識論ではありません。「認識理論は存在しない」「認識はイルージョンか神話だ」「認識はない pas de connaissance、あるのは「知」だ」とラカンは断定します。(AE, p432-3)

知を織りなしている言表群のある結合した体系が言説です。言表化するときに使用されますが、言表の繋がりが整合性を有していることが強かったり弱かったりするも、なんらかの意味連関の体系を構成し編制しえている言表の集合体でありその機能の仕方です。「ある言説の従体を作る fait sujet 存在が、従体を知へと導く」*。対象を構成し、言表的連関の様態を構成し、諸概念が構成され、方法が練り上げられて、なんらかのテーマに基づいた戦略が構成されている、とフーコーは論述＝言説化しました（『知の考古学』AS）。古典主義のエピステーメの言説体系から近代人間学のエピステーメの言説体系への歴史転移が『言葉と物』において示されたとき、「帰属（主辞・属辞関係）、分節化、指示（転移）、派生」の平行四辺形に還元されるものとして言説化が構成されていると明示された。この四要素から言説が形成されるのではありません、言説が構成された結果、この四要素からくみ立っていることの明示です。つまり、言説生産とは構造化する

* Être fait sujet d'un discours peut vous rendre sujet au savoir. (AE, p.433) ラカンの四つの言説の構造循環で十分だ、と自身が言っています。

ことではなく、「言わないことの抑圧的現前である」無限の連続性にある窪み creux でもあるのです(AS, p.18)。つまり言われたことだけでなく、言われたことにおいて言われなかった穴がある。ある出来事と関連する出来事との繋がりに非連続があり、語られていないくぼみ＝穴がある。ラカンの穴に通底するものですが、言説が充満された隙間のないものではないということ。差異をなくす「統一性」ではない諸差異の「結合性 unité」であって、それは直接的でも確実的でも同質的でもない。したがって、言表的諸事実を解釈することではなく、共存、継続、相互機能、互酬的決定、独立的変容、共関係的変容を分析すること、とされます（AS,p.42）。

言説において、合理性があるとか、科学的な目的論に従っているとか、時代を貫く長い連続の働きがあり、意識の覚醒・進歩があって、その永続的な反復があるとか、全体化は未到達であるが絶え間なく動いているとか、物事には起源があると開かれているとか、歴史超越的なテーマ群があるとか、そうした近代知的な大学言説的なものではない、ということです。

ラカンは、$S_1 \to S_2 \to a \to \$$ の四項から言説が構成され、その要素位置の移動循環から、四つの言説を種別化して配備しました。最初は人格が使っている言説として示されましたが、人格は消されて、現実性に沿うよう精錬された知の諸定式の「構造」なる範

疇 notion へ練り上げられ、言説そのものの働きと考えられていく。真理の場所は隠される。可能への開き（＝欺瞞）ではなく、不可能への挑戦である、ということです。

言説理論は、この二人が規準であると言えます。そこに共通しているものは、言説は言語思考の産物であると同時に思考技術のツールでもあるということであり、主体＝従体が従うものであって主体が創造するものではない。様々な言表の集蔵体として構成されたもので、形成されている言説自体の実際行為が意味を構成していく。ここに、人間主体の至上性は転移され消され、言説の規制的な働きから物事が営まれていく考察の回路が開かれました。これを哲学理念、真理理念の放棄・棄却だと解するのは、哲学や真理を構成している根源を見ようとしないものだと言えるでしょう。

「変換の知的資本」はかかる言説理論の領有によってなされる知的な働きの移動ですが、知の不可能の場所（知と真理が共に苦しみあい共感し合うが一つにならない）にこそ位置づくのです。このとき、人間の意識や認識によって転換がなされるのではなく、言説の動き／概念の転換によって物事はなされていくことです。近代思考がなかなか理解できない地平です。変換が従体を作り上げるという知が、真理とともに「知ると作る（為す）savoir y faire」を調整し働かすのです。人間は真理の何かを知らないが、真理は人間を知っている。

これは日本語において述語制言語の表現において日常的になされていることです。（「窓が開いた」であって、「窓を開ける」ではない。だが後者の表現も成り立つ。）主語によって動詞が変化するのではない、主語なしに動詞・形容詞自体が変化します。日本語の論理をしっかり日本語自体に即して理解することが、「新たな知」になるほど、知的思考はひっくり返ってしまっているのですが、主語制言語を述語制言語へ理論転移することが「変換の知的資本」の大きな軸になります。ここが、フーコーもラカンも気づいていない閾です。既存言説と新たな言説とは言説の場所が違いますが、言説においてランガージュ＝言語使用の働きが要になることは、彼らから開かれていることです。「主体はない」のに、しかし、フーコーもラカンも主体概念を疑い問い返しながら、その概念空間から脱することができない。使っているフランス語の主語制構文からして脱するのが不可能にあるからです。すると、近代思考の立場から、彼らの論述は矛盾していると批判されます。そうではない、述語制への壁に二人は、とくにラカンですが、真正面から直面していたのです。

変換の知的資本は、この穴、限界、裂け目を明らかにしながら、新たな言説を生産していく方向にかかっています。文化主義的に、連続はない非連続だ、結合ではない切断だ、実体ではない境界だ、一致ではないずれだ、などを記号的に解釈することではなく、歴史的な規制性において言説的規則性を分析していくことであり、言われていないシニフィアンを探していくことです。例えば、新たな言説界を非連続だとフーコーは配置しますが、先の帯の違いを見てみればわかるように、円柱的帯では表と裏とで悲連続の線になりますが、メビウス帯では連続になります。つまり、連続・非連続の場は、新たな言説の性格の問題上にはありません。ただ、旧態の思考が非連続を見逃していただけのことです。言説とはなんであるかをいじくり回すより、ラカンの四つの言説を配置して、主人言説、科学言説、大学言説にとらわれない分析言説の活用を、実際場面で使用していくことを常に試みていくことのほうが遥かに意味あることです。

その四つの言説から疎外配置されて円環していく「社会言説」なる界を、私は取り出しましたが、これが「変換させない」知的資本です。その確認を領有しながら、そこから脱出する知的資本への通道を示し開くことです。それは近代二元論を超克する発想からなされる「主観主義／客観主義」批判を、主観的人間主義／客観的科学主義として認識論的に批判することでは見えていなかった地平が通道的に開かれることになります。主体的な意識ではないとブルデューが主張しながら、認識・認知諸構造から脱せないのは、言説理論を領有しなかったからです。言語を社会空間の実定性の中での言語交換でしか考察していないためです。

言説を考えかつ思考ツールとして使うことは、精神の哲学や意味の本性を探る理論を切り離すことです。イデアはどう形成されるか、どう他者とイデアや概念図式の理解交通がなされるかとか、世界をどう認識するか、認識する自我主体はどうなっているかを考えることではありません。ブルデューは、社会世界を国家をどう認知・認識しているかという設定配置を残したままにとどまっています。

批判対象となる言説は、既存の国家・社会秩序で社会生活する自分自身を規制している政治・経済・文化の規制世界、そこに作用している「社会の言説」です。社会認識／社会意識の在り方ではありません。それを考察するには、大学言説の次元を脱せねばならない。大学知による客観への総合では掴めない。

客観言説の偽装は、例えば次のような言述に典型的に見られます。

> 「社会は、ある共通項によってくくられ、他から区別される人々の集まり。また、仲間意識をもって、みずからを他と区別する人々の集まり。社会の範囲は非常に幅広く、単一の組織や結社などの部分社会から国民を包括する全体社会まで様々である。社会は広範かつ複雑な現象であるが、継続的な意思疎通と相互行為が行われ、かつそれらがある程度の度合いで秩序化（この現象を社会統制と呼ぶ）、組織化された、ある一定の人間の集合があれば、それは社会であると考えることができる。」（wikipedia より）

かかる、客観を装う、何事も言っていない凡庸な言述の馬鹿馬鹿しさが、さももっともらしく流通している、そこから脱せねばなりません。概念がどこにもない、ただの説明にもなっていない言述です*。ですがテレビのニュースアナウンサーが頻繁に使ってい

* こんな次元の言述であるゆえ、生成AIの方が語彙を増して、真っ当であるかのような擬制を構築できます。AIのソレはただ真理試練の中での欠如充足でしかない､思考ではない､シニフィエの統辞的整序にすぎない。一つの同じ言説において、言表が入れ替えられているだけです。

る言述の仕方です。知的な偽装です。ある事件の調査委員会に対して「客観的で、中立的で、正しい判断をなしてほしい」、という言明は何事も言っていません。むしろ、そうしないことを知っていることの方が真実ですが、真実を言明はしないのです。

知的資本Xは、その不確実性、不確定性のために、それを埋め合わせるべく言説への権力作用を働かせています。それが「社会言説」の構造であり、それを支える「大学言説」です。「変換させない」言説です。後述します。

真理と真実

真理は欺く。真理は真実を暴きだすとともにまた真実を隠す。

真実は、物事が明らかになって、安堵するとともにまた真実は恐怖でもある。

真実が真理を生み出すとは限らない。真理のすべてを学ぶことはできない。

「真理および真理の認知が意味するところは、事実についての基本的言明や命題の論理規則に基づいたそれらの諸組み合わせが対象となっている限りで、理解可能なものとしてある」のですが、それらの言明を統合すべき上位の文脈は歴史的実際的な利害関心によって規定されたものであるため、利害関心自体の真理性を問う意味が明確でなくなってしまいます。人間生活全体を真理の視座から捉え直すことの意味も明確ではなくなってしまうのです。意味が明確であっても、真理への関心に他の全ての関心が従属するのが望ましいことも疑問視されます。マルクスとフロイト以来、非真理に対する我々の関心がどれほどであるかを知ってしまった、とツーゲントハットは述べてます。こうした事態を視野に入れて、哲学は、人間の生活総体を真理に従って導く可能性について新たな理念を打ち立てねば、己自身を葬り去るだけであろうと。

真理への希望の信奉は、構造論以降でも変わりなくあり続けています。構造論的転回を批判非難する人たちは、真理を疑うことが真理を問うことになっているのを拒否していることに気づいていない。真理をなくせ、真理探究をやめろなどと莫迦なことは言っていません。認識論で真理の探究はしかるべくなされえない、という認識論的な限界事実の指摘です。真理は存在するかどうか、などの近代初期の懐疑主義ではないのです。大学言説知性による揺れ戻しは、あまりに知的資本のレベルが低い。それは日本だけではない。

現実界は知られた存在 être su ではないのです。知の中に現実界が機能するようになっているのは、真理がそのように想定されているからで、真理が現実界へ付加される、ゆえ、知が虚偽を「そこに在る」と、ありうるものにできる。真理は、知の選択であり、知において生産されたものであると分節化されますが、どのようにそう結果したのかはわからないのです。ですが、もう一歩「変換」をなしていく上で突き当たった言説次元を示します。

社会言説の知的資本：「変換させない」知的資本

「社会なるもの the social」がどうしてこんなにも強力であるのか、しかも普遍化され自然性化されて、永続的なものとして未来のみならず過去にまで拡張されています。それによって、考えられえないものが常態化していくのですが、「社会」とか「地域」とかが一般用語として社会概念を知らずとも使われて疑われていないためです。知らずにいちばん使われている言表だと言えるでしょう。「社会」「地域」と捉えているとき、もっとも現実的で実際的な「場所」が場所自体としてもう見られていません、消されていいます。「場所」と言われると何だかわからない、「地域」「社会」というと掴んでいるように感じていること自体がその結果です。社会は「事幻化*」されているからです。

「社会」とは、「社会空間」として実定化され、社会的諸関係の総体として配置され、そこに対しての多くの社会批判が社会を捉えているかのように産出されてきましたが、「矛盾・葛藤」をその本性として恒常化している問題世界だからです。批判理論においてさえ「社会」が実定化されています。分析として物事が個別に明快に示されても、「社会」はそのままで問い返されていません。ブルデューは、経済資本と文化資本との相反性から、社会空間の実際を鮮やかに示しました。（『ディスタンクシオン』に詳細に示されている。）

*〈事幻化〉とは、出来事が想像的に実定化されていくことを言う。社会の規範化と身体の規律化によって、実際行為が幻影化に疎外されて、無いのに在るかのように無数の規則・儀礼において働いていくことを指す。想幻の出来事化でもある。想像資本論において明証化する。物象化からではつかめない閾である。

しかしそれはシニフィエされたままのものです。

社会空間においては、「社会の知的資本」が、行政的統治のみならず、暗黙に諸個人の様々な生活上のものごとに対して機能しています。

経済とは商品を生産し売って利益を得る商品社会だ、それは労働社会だ、企業社会だ、消費で生活が成り立つ消費社会だ。政治は選挙で選ばれた政治家が官僚と共に国家社会を統治している政治社会だ、官僚社会だ、民主主義社会だ、自由社会だ、市民社会だ。子供はある年齢に達したなら学校へ行く学校社会である、それは「学歴社会」「肩書き社会」などと客観化されます。病気になったら病院へ行けば直してくれる医療社会だ。地方はそれぞれ地域社会だ、都市が大きくなっていく都市社会だ、などなど。「〜社会」なるものは何にでも付着されて社会の共通した常識として、いかなる国においても集団をなした「社会」があるとされます。「社会は広範かつ複雑な現象」という指摘で示されるものですが、つまり何事も言っていません。知っていて実は何も知っていないその極致が「社会」です。

「社会の知的資本」はかかる多様な名称を持つ諸社会を定義したり説明したりする社会言説ですが、それ固有の規範・規則を守っている制度作用であり、社会を自然なもの永劫するものだとさせている権力作用であり、問題があればその改善がなされていくとみなされる機能のことです。社会の実定性を再認させ続けている知的資本です。社会の特徴がいろいろ述べられてはいます、その特徴や機能を現象的に実定し、それを実際に果たしているとみなされる機能作用です。

社会は諸個人の集合体であり、諸組織の集合体であり、また多様な家庭がたくさん集まったものが社会だと思われていますが、蜂や蟻も社会を作っている、犬や猿も社会をなしているとまで拡張されてます。しかし、諸個人・諸組織・諸家庭をいくら集めても「社会」とはならない、「社会なる」別の水準、共次元があるのです。「社会なるもの」は、実際には認識されずに機能している「社会言説の知的資本」が強固に働かされているのです。社会を要素的に機能的にのべるだけで、社会そのものの本性を明らかにしない知的資本です。社会を語るが社会を考えさせない知的資本です。社会を説明することにおいて社会の本質を何事も解析しえていない言説です。「社会」は社会でないものを社会であるかのように語ることで実定化されている、と言ってもいいでしょう。社会を自然化・永劫化している知的資本です。社会の構成要素のことではありません。

ファーガソンは、「人間が社会状態を望むのは自然状態であるからだ。自然状態は人間が社会において生きるのを望む」と、社会を自然性化させました。「歴史的・自然的常態」「個々人の自発的総合」「政治権力の永久的な母体」「歴史の原動力としての分離的連合」からなる市民社会なくして人間は生きていけないというのです。これが社会「常識」となっています。しかしこれは想像的なものであって、実際的なものは別ごとになっています。

批判理論を通じて、私はホスピタリティ、資本経済、場所統治をポジティブ条件として提起しながら、人々から共鳴を受け、なかでもホスピタリティ技術はほとんど皆が賛同するのに、一向に実際のプロジェクトが進まない。その経験から、「社会の壁」が「国家の壁」を支えるように機能していることが根拠だと見えてきた。国家の壁があることで、社会における転換はなされず、「社会」自体も壁となって既存のものを守るようにしか働いていない。既存秩序を守ることであって変えることをさせない作用、つまり自然状態だとさせているのです。国家領土の上で社会生活が順調に進められ、安全と快適さ・便利さが保証され、生存できればいいとなっています。ホスピタリティの実行による物事の進め方は、社会を変革するのではなく、社会そのものが消滅しない限り、新たな物事として具現化していかないことに気づかされました。そんなとき、「社会なるもの」が作られてきたにすぎないことを知ります。それがジャック・ドンズロの書でありかつジュネーブでの生活経験から実感されたことでした。ブルデュー社会学の限界を突破すること、私と同世代のボルタンスキーとドンズロたちがなしてきたことです。

ジュネーブは、パリ、ロンドンでのソーシャルな仕方とはまったく異なるパブリックな仕方で日常が成り立っています。この実際生活に出現している原理の違いは、大きな発見でしたがハンナ・アーレントがすでにフランス革命とアメリカ革命との違いで指摘していることでもあります。でもジュネーブ人自身も気づいていない。ただ、ナショナリスティックにフランス人の愚かさを批判している意識を持っています。それは実際生活してみればすぐに気づくことです。境界である空港で、何度もフランス側の強圧的な愚行に出会います。人への信用の仕方が違うのです。ジュネーブは個人を信用している。パリは、半分信用しているが、その質はアナボコだらけで現象します。ロンドンは人は信頼できないという前提からなっています、日本と同じですが、日本はまだ他の関係性へ配慮しているのですが、ロンドンでは他のことは知ったことか、という分業分割された態度です。西欧は一つではない。

社会をはっきりさせるためには、対抗概念として「パブリック public」の知的資本を作用させることです。それは、プライベートな物事への対応の仕方が違う。パブリックはプライベートなものを活かしますが、ソーシャルなものはそれをプライバシーへ押し込めます。「社会」なる天球を消すことです。天球とは信仰の対象です。教育信仰、医療信仰を、学校信仰、病院信仰の制度化として機能させて、規範化しています。「社会」は無数の規則化において機能する仕組みです。規則化によって物事が実定化されていきます。

社会的紐帯を歴史に接合させ、権威形態へ有機的に帰属させて統治する。「社会」を所与として想定し、家族、同居者・所有地、国家の三つの軸をもっていることを歴史発生的に分析し、類型的に分析して、人間的集合として組み立てる「社会なるもの」の発明（ドンズロ）がなされたのです。そして市民社会の自己意識／倫理的現実化としての国家が実定化されていきます*。

社会言説の構成

資本家の言説をとり出したラカンは、本気で資本家言説を告発することはできない。告発は資本家言説を規範化することになり、その完璧化をなして強化してしまうからだ、と述べた（「テレヴィジオン」）。言説は批判であれ耕してしまうからです。そして「外

* 詳細な経緯の理論考察は拙書『ミシェル・フーコーの統治性と国家論』EHESC 出版局、403-432 頁。
ドンズロ『社会的なものの発明』インスクリプト。

—存在」するものへとそれを疎外します。すべてを捉えることはできない。しかし、言説の界へと閉じる世界を作り出し、その「外—存在」を排除する権力作用を発揮もする。それを、私は「**社会言説**」として、基本である四つの言説の転移から抽出しました。「主人言説—**資本主義言説**」「ヒステリー言説—**科学主義言説**」「分析言説—**専制主義言説**」「大学言説—**制度アカデミズム言説**」です。これらが社会秩序を「社会」として固定化している言説円環です。基本言説の不可能と不能を消去するのです*。これによって、個々の欲望が抜き出され、社会秩序が与えられ、自分たちを条件づけている言説について「なにひとつ知ろうとしない」状態が構成されて、その言説から締め出されない状態が正統化され保証されます。大学人は大学言説によって機能できる。いやそれしか機能させない。そこにリスクがあるのですが、制度がそれを守るのも制度自体もその言説によって営まれているためです。こうした言説効果を、その言説の遂行者たちは無視していますが、言説を遂行的に果たしているのです。

　基本言説は、真理の場所から上へベクトルが出発していますが、その真理の場所に配置されものを見えなくさせて循環することが示されています。この真理の場所が不可能のシニフィアンの場所です。それに対して、ラカンが主人言説から転移させた資本主義言説は、隠されてしまった真理 $\$$（問題へ亀裂している資本家・労働者関係）を主なる意味化の代行者

* 4言説の基本構造は「不能」を必然としている。享楽の障害によって定義される不能は、生産と真理の切り離しとして、差異化されている。大学言説で、真理＝S_1と生産物＝$\$$の切り離し＝不能は、消されて、S_1が見かけとしてそこから真理S_2を指示し、対象を定めて$\$$を生産する、という制度アカデミズム言説に、想幻化構成される。$S_2 \to a$の見かけから対象への関係は、真理から対象への関係（擬制）へと想幻化される。

社会言説の構成

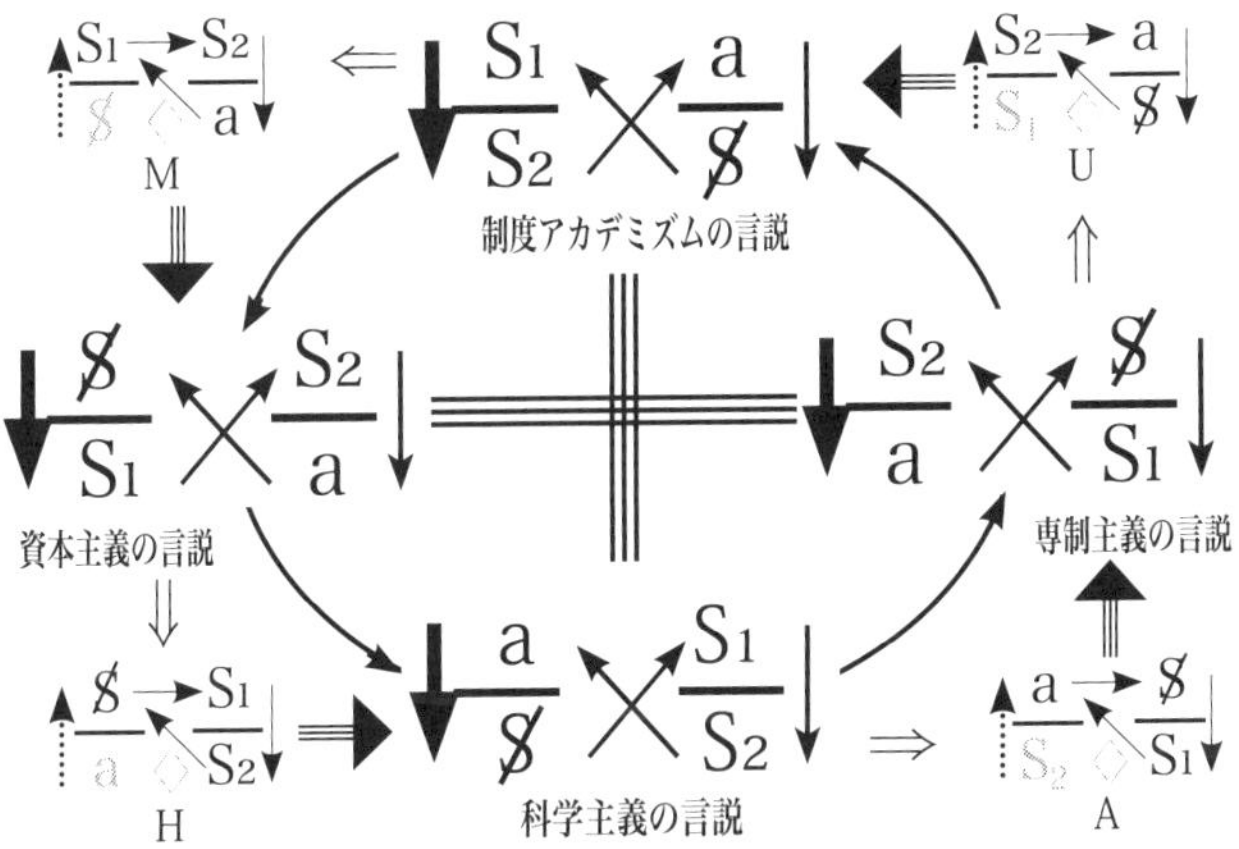

＝見かけの位置に出現させ、そこから出立して代行者＝資本家を真理の場所に転配置して、ベクトルを上下反転させて（関係ベクトルは同じ）循環させます。対象とされる労働者の労働を通じて生産物の商品＝剰余価値を生み出し、その剰余を領有して、資本─労働の分節化＝亀裂$\$$を再生産維持していく仕組みです。問題$\$$に何を置くかで、その企業の性格・特質が規定されます。この言説で肝心なことは、資本主義の問題をかかる真理としてあるのだと「知っている」**ということです。資本と労働の分離、そこからの搾取、マネーがマネーを産む利子産み資本、商品の価値形式など、知っていてその克服ないし利用の仕方が実際になされています。

　社会は、まず問題の場にあるものをその言説関係の枠内で現出させ、その問題を秩序枠でおさまるように解決する作用を働かすのです。

** かかる諸真理 la vérités は、現実界が事実とされていくのを遮ることに我々を固定させる罠である。そこから言説の諸帰結がなされる。

社会なるものをどう把握したならよいか、多様な論を色々学んできましたが、この社会言説配置によって基本地盤が統治的に作用しているのがはっきりした。社会なるものは社会自体を見れなくさせている想幻作用です。シニフィエ全ては社会言説の場で起こると。

韓国で、自由主義を守るのだと戒厳令を発して専制独裁的に振る舞う出来事が起きたように、資本主義言説と専制主義言説とは鏡像的共謀関係に本質からしてあります。トランプの出現もそれを物語っている。制度アカデミズムの粗野さ稚拙さが保持されるのも、科学主義言説との鏡像関係で支えられているからです。基本言説と社会言説は、相互補完的に循環していることも解析されます。批判というより、壊れないメカニズムとしてどうなっているのかが見えてきます。

基本言説を社会言説へと転移させているのが、想幻化権力作用です。

この転移をもって見えてきたことは、分析言説がすべての良き結末を生み出すものではないということです。それは、「社会言説」に配備されてしまうと聖人＝独裁者を輩出してしまう。分析言説は確かに新しいものをもたらす。ところがこの「新しいもの」は、超越的なものをも配置するのです。転移が、送り手＝民衆へと集団的に差し戻され消された欲望が頭をもたげるからです。そのとき独裁者に転移されるものは、考えも、計算も、判断もしない抑圧支配の「作業」の効果がなされ、「恐怖」が喰らわされていくことです。無意識の袋小路において、愛の接近に憂鬱・陰鬱の情動が覆い被さります。不可能を合理化する虚構が、そこには分泌されています。すでに成立している秩序において、「無秩序は大嫌いだ」という自分たちの従属してきたやり方に甘んじていくのです。*

* 統治することの不可能さ impossibilité de gouverner。享楽の欠如が、その出発から目的維持に及んで、必要である発展の厳格さを、退行的に働かす現実界においてでしか、締め付けられない、ということ。(AE, p.445)

フーコー言説とラカン言説との間の穴から

　フーコー言説とラカン言説とは共約不可能にあります。ゆえ、その言説間における穴は、何を欠如ないし喪失させているのか？　それは、意味作用と権力作用との関係をとりもつ「もの」です。強引に、フーコー四辺形における、帰属関係 attribution が S_1、分節化 articulation が S_2、指示転移 dé-signation が a、派生 dérivation が $\$$ だと、主人言説を主なる言説だと解して配置してみると、穴が浮き出します。「ではない」ものを「である」と転じていることから出現するものです。

　すると、大学言説は、シニフィエ S_2 を主なるものとして帰属関係に立てています。分節化の場でシニフィエ対象を分節化し、問題を転移において表出する。派生で意味する S_1 を見ていない権力関係をなしている言説だと配置されます。これを他の言説においても配置換えしますと、何を分節化しているのか、何を転移産出しているのかが示されます。

　大学言説は「対象」を分節化し、科学言説は（限界づけられた）「意味するもの」を、分析言説は「問題」を分節化していることがわかります。そして、大学言説は問題なるものを転移し、科学言説は意味されたものを転移産出し、分析言説は意味するものを転移している。生産＝産出は転移です。素材は生産物へと転じられるのです。言説の要素関係だけでなく、何がその項においてなされているのかが示されます。言説理論間の共約

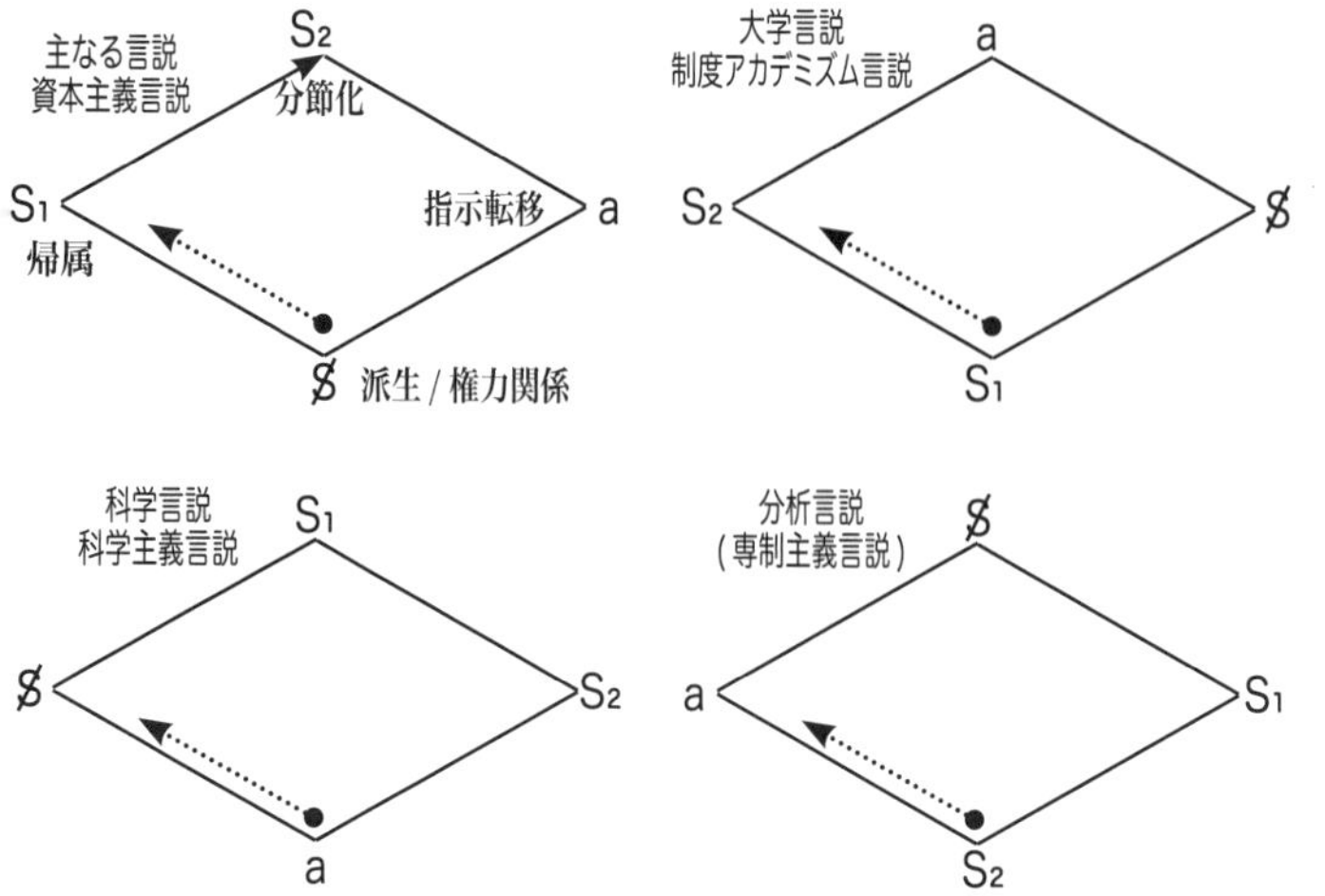

不可能の根底には、通約可能なことが潜んでいるのです。各言説の特徴が、より明確になったと言えるでしょう。(上図)

　そしてさらに、社会言説へと転移されたものは、基本言説では隠されてしまう。「派生」の位置の真理の場=権力関係から出発して、言説を構成している、それを点線ベクトルで示しておきました。先に示した権力関係とは反対の方向へと向かっています。社会言説を循環させるための想幻化権力作用です。それは常に転移的です。主なる言説の転移である資本主義言説は、資本家と労働者との権力関係なる問題から出立しているのがそこからわかります。帰属は「主なる規定の位置」ですが、資本家となり、分節化は労働の作業となり、転移は生産物=商品=剰余価値です。

　これはイタズラな記号いじりではありません。

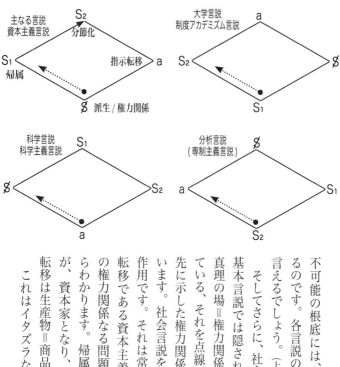

ロジックを出現させるマテームの作業です。大切なことは、何がなされているのかを知ることであって、理解の正しさを正統化することにはない。活用することから見えて来ることに意味があります。フーコー言説は歴史考察から、ラカン言説は被分析者が語ることから、本質をつかんでいるゆえ、かかる作業が可能なこととして浮き出されうると言えましょう。表層の考察言述からは、浮き出してこないのもシニフィエ結果しか見ていないからです。ここから、アカデミズム言説は大学言説を社会言説へ合致させて、シニフィエに規定されたシニフィアンだけの権力関係から、シニフィエを主なるものに帰属させて、そこに示されたものだけを対象としてロジックで分節化し、問題なるものをその限定内で浮き出させているだけなのだ、と了解できます。その可能様態を制度権威化する。従って、新たなシニフィアンを持ち込むことを拒否・排除するのです。大学改革はその枠内でなされるだけで、新たなシニフィアンの発見はなされない。それが、大学が再生産秩序化しているものです。学生たちから欲望は取り去られ資格欲求に転じられ、学歴市場へ送られ競売させられている、その構造へ何らの変換もなされていない。

社会言説として社会を実定化させ永続化させている想幻権力作用が、基本言説と社会言説との間で機能させられ、諸規範や諸規制として事幻化されているのです。

ブルデューの社会空間配置では、そうなっていること（シニフィエ）は示されているが、どうしてそうなっているかは何も考えられていません（次頁図）。それは、想幻権力が文化資本と経済資本をいかに活用しているかの結果であると、先の配置によって解明していける手がかりになります。しかも、上図は大学教授は金持ちより知的資本が高いという相対的な関係であって、実質的に大学教授の文化資本が低いことは示されていない。その証左に、日本では企業人たちがどんどん大学教授になっています。何らの学術的訓練も受けていないで、ただ意味されたことを知識断片でいい気に語っている。あえて言えば、ブルデューが配置したこの社会空間なるものは崩れているということです。それは社会の配置換えがなされているというより、社会そのものが瓦解していると見ていくべきことではないでしょうか。批判媒介のツールにはなりますが、知的資本の配置図ではない。文化資本概念も再考せねばならないのですが、我々に比して世界的には文化資本概念は非常に不十分で未熟です。

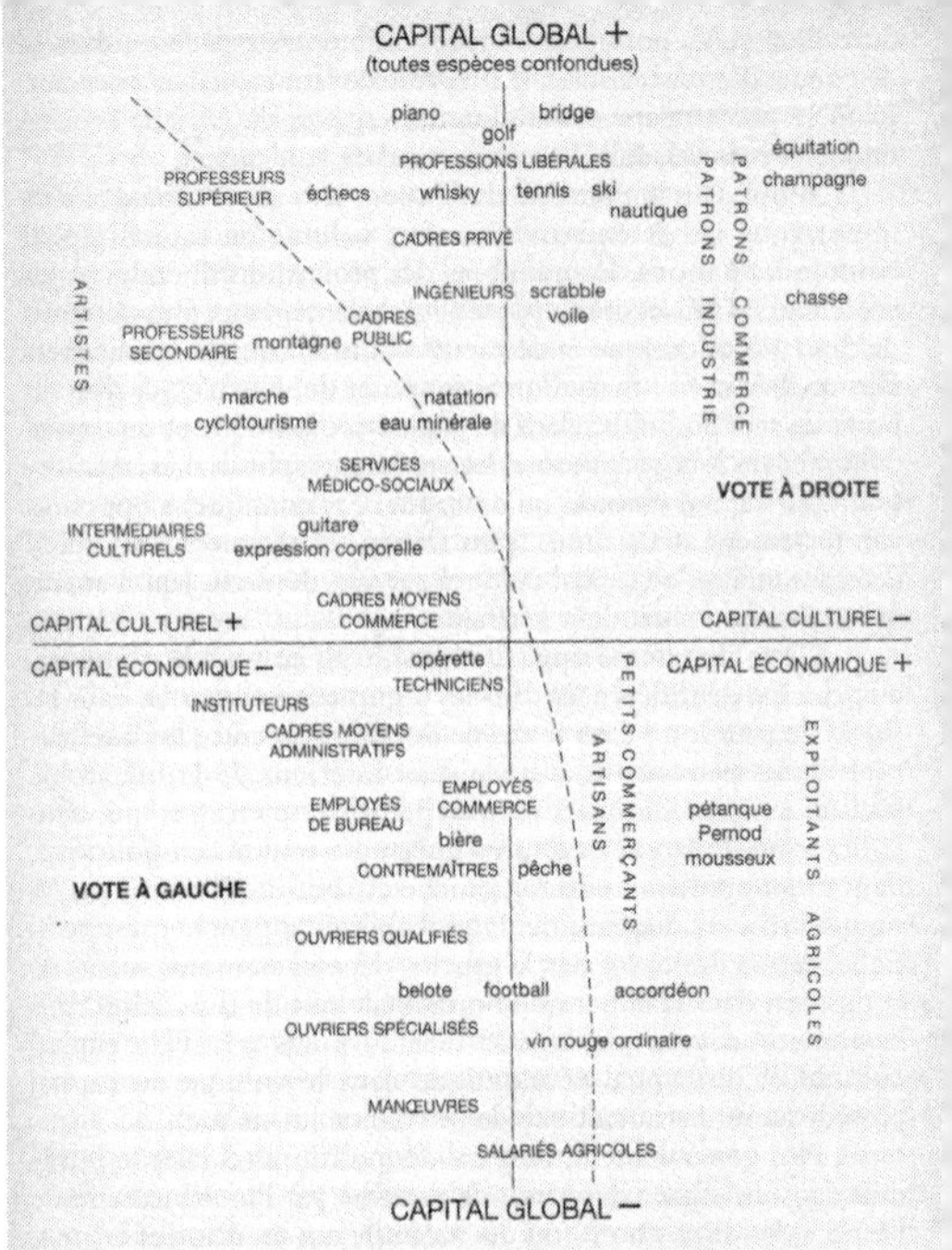

Espace des positions sociales et espace des styles de vie

上図：「社会的諸位置の空間と生活スタイルの空間」
Bourdieu, *Raisons pratiques*, Point, p.21.

3 真理/権力/従体の三角形からボロメオの輪へ
——トポロジーの場所

変換・転換を「させない」可能な力と構造を、「社会言説」と「大学言説」との暗黙の共謀によるものだとして示しながら、文化資本と知的資本の滑りが起きていることを示してきました。そこに「変換・転換する」ものがいかに現実性の不可能な壁に直面するかが示されました。つまり、「変換させない」ものと「変換させる」ものとは、同じ領界にあるということです。なぜなら、向き合っている対象が同じだからですが、その同じ領界の同じ対象において、対象の分節化と指示転移化が異なりうるということです。物事と象徴界と関係の仕方が異なります。

変換・転換を知ると、旧態の主体化された存在は、自分の自己崩壊が起きると感知し理解します。これまで生きてきた場が違うものになってしまう、と感じることを知性化します。つまり、転換への否定批判能力を発揮するのです。転換が話存在の内部で起きると思い込んでいるからなのですが、知の転換は外部性でしかなされないことが理解できないようです。また、他方で、言表を入れ替えれば転換がなされると安直に思われています。

あるプロジェクトの企画提案で、「「社会」「地域」を活性化する」とされていたものを「場所」と言い換えるよう指示したなら、そのまま素直に入れ替えられました、。実際自分が心底からこのプロジェクトを実現したい発案者は「魂が入った」と感じましたが（ビジョンへ的確に一致したということ）、その整理を文章化していた担当者は何も実感しておらず。指摘された正しい文面へと入れ替えただけです。つまり、何事も客観化していない言説だったからで、その客観性とは内面で腑におちたかどうかの書き換えに関わっていません。最初から自分には関係ないとされている客観世界のことだとなっていますから（ビジョンではなく正しい客観化＝真理への生産）、ただより正確な答えへと修正されただけなのです。同じ作業からの効果なのに知的資本の作用＝反応が違うのです。

大学の学者は、実はこれを無意識にやっています。ある国の歴史的出来事の学術論文で、国名や固有名詞を入れ替えただけで他の国の歴史になってしまいます。つまり、何事もこの歴史学者はつかんでいない、同じ大学言説による認識形式が記述されているだけなのですが、客観的言述だと思い込んでおり、そこへの気づきもまったくありません。

知の転換が、言説という外部性のことだということは、主観のことでも客観のことでもシニフィエのことでもないということ、意識や認識のことではないということです。

言説は真理を生産することも虚偽を生産することもできます。自由を構成することもできれば支配抑圧を構成することもできる。つまり、パワー作用を働かせているのです。

真理が権力・政治や経済と無縁であることはありえません。これらは非言説的プラチックだとフーコー自身によって区別されましたが、その外在性の作用をフーコーは切り捨てたわけではなく、非言説の物質的力の作用と限定づけただけです。しかし私は、権力言説行為、政治言説行為、経済言説行為が機能しているとみなします。言説は権力作用そのものであり、政治作用であり、経済作用であると考えます。知的資本はそうした関与です。ですから、例えば、「りんごは赤い」、「りんごは丸い」、「私は嘘つきだ」などの単文をとり出して真偽か形容文か命題かのロジックや文法を説明することに対しては、言説がまったく捨象された似非論理だと裁定します。真理言説は場所に置かれているものであり、かつ権力作用を働かせているのです。

そして個々人はいかなる言説を領有するかによって、自分を構成できるし、自分を失うこともできます。「真理/権力/従体」が相互に絡んでいることにおいて、真理が人を自由へ解放するなどありえないことが示されました。逆に性が抑圧されてきたという考えに対して、性は過剰に語られ続けてきた。主体化とは自発的な従属化であって、自己同一的な確立などではないと示された。いわば、近代での常識が覆されたのです*。この三つは切り離せない、相互に関係しあっています。非分離的な関係として実際の場所に配置されていることです。文脈ではない、述語的な場所における規制です。

* 山本哲士『ミシェル・フーコーの思考体系』EHESC出版局。

私たちが探究している知的資本は、いわゆる「批判理論」「批判体系」のラディカルさであり、しかもそこにとどまらず、それは批判条件を明らかにすることで可能とされているものの虚偽を暴き、同時に新たな可能条件を開くことです。マルクス主義的な批判の限界が、フーコーによってクリアにされました。権力は抑圧によって「させられなくなる」のではなく、物事を可能にするのだと。抑圧や搾取などをも「可能にする」という作用です。真理は真実を暴くのではなく欺き騙す(ラカン)。主体化=従体化は自分の独立・確立ではなく、自分の従属化、自分喪失になる。権力は抑圧ではない可能化だ、ということ。この「真理/権力/従体」のあり方です。これを知っておくことです、

自立の思想が、国家権力に対峙する個人の思想的態度であり、知識人の虚妄に対して大衆の原像の方がはるかに真っ当であるかのような思潮に、私も学生時代には囚われていた。集団的対峙・闘争より個的対峙の方が意味あるのだと。だがそれは一見対峙のように見えるが、個人が国家=共同幻想と同化して自己内国家として国家機能している想幻化の効果に対峙しえていないことが、フーコーを通じて理解される。さらに、対幻想は、いかに二人が対幻想のなかにいようとも、対関係として「家庭化」されその社会的諸関係から無縁であることはできないパワー関係に置かれている。共同幻想は国家ではないとされても、共同幻想の国家化を逃れている民族国家はありえない。吉本の歴史観は現実的歴史変遷の規制変化を超えた本質史のような表象をなすが、神話の二重性の構造を見切れていないため、場所共想幻と社会共想幻の識別がなされていない。などなど。つまり言説が穴だらけなのだ。問題提起としての真っ当さが解読・解析の深さに至りえていない。すると、「しな

い」ことが物事をわかっているかのような吉本主義者たちを輩出効果させた。吉本の思想効果が思想自体と関わりなく真理産出されたのだ。これは、事実はそのまま真理とはなりえないことへの無自覚を派生させる。吉本全集を制作したり支えたりしている人たちにそれは浸透していた。真実と真理との区別もできなくなっているのは、共想幻と個想幻とが癒着しているシニフィアン作用にまったく無知であることからもたらされている。吉本追随者たちは保守主義になっていながら権力支配批判の立場に立っていると誤認している効果がそこに産まれる。日常生活にパワー関係が浸透しきっていることへの批判自覚が喪失している、つまり、去勢は解かれない原抑圧への無知が生み出すものである。従って、言説は大学言説のままにおいて所有されて、マルクス主義者がマルクスでないように吉本信奉者たちは吉本ではない、ただの大卒知性の知的資本で誤認了解を保持していることに滞留している。吉本本質論および歌謡論以外に、吉本言説の意味はほとんどない。その知のパワーを無性化する資料全集にしかなっていない。「心的現象論・本論」の刊行物を無視しながらその制作を盗み、心的現象論言説を批評だなどと寝ぼけた配置をなす無知の全集編集において、思想は脱力されてしまった。真理・知の権力作用を見失っているのだ。吉本本質論／歌謡論は分析言説において変換性に配置了解されたとき、「知の期待」の袋小路から脱することができる。*

限界にまでおし進められた分析だけが分析の批判行為を転移・変換の条件へと配置できます。分析アクトの諸条件ではない、批判において喪失されるものへの自戒です。変換による期待の裏切り、イデアの裏切りを、失望へと落下させないための知的資本の作用行使です。

これはフーコー了解においても言えることです。後期フーコーは権力論から自己の主

* 吉本言述に対しては、その思想言説の呪縛から脱して、理論言説の可能性を見出すことです。その本質的省察には、大学言説が掴み得ていないものが潜在して語られずにいくつもあります。

体解釈へ移動したなどという見方がその典型です。また、ハーバマスやテイラーのように、権力を外部においたままからのフーコー批判が典型です。外―存在とは穴の縁に隣接していることがそこには理解されていないのです。

偉大なる吉本やフーコーを欲望するのではない、その言説・知を享楽することです。それは、批判の徹底を突き抜けた先・彼岸にしか開かれません、いわば思想や理論の鵜呑みは、期待の裏切りを招いているだけなのです。穴がないかのように言説の言表を貼り付けていくフーコーに対して吉本は穴だらけです。だからこそ、その穴に不可能な物事が、そこには対象aが名付けられないまま散種され、考えていくべきことが潜在しているのです。言語の象徴界においても、身体の想像界においても、話し言葉の話存在の現実界においても欠如しているものです。私は、幻想論を転じて「想幻」概念をそこの一つに見出したのも、古事記と日本書紀の神配置の差異の二重性に気づき、幻想は実際行為されている想幻プラチックであって、幻想論から提示された指標を転移しながら神話解読をしています。*

三つの界の欠如＝穴に欲望の原因を見つけてはなりません。そして、吉本歌謡論を重視するのも、そこには情動の知が表出されているからです。知的論述ではない、情動論述の対象aです。変換・転移の知的資本は、情動を決して見落としてはなりません。

知的探究は、失望したくないという欲望へ誘惑されます。従って、欲望に言説が切り

* 山本哲士『吉本隆明と「共同幻想論」』晶文社、『古事記と国つ神論』知の新書。

取られてしまい、満足はなされないという切迫を回避して、折り合い réconcilation（和解）をつけた解釈へと横滑りしてしまうのです。この和解・調停の復帰は、知への対決ではない。つまり了解変換の知的資本を回避する旧態の知的資本の作用です。鵜呑みに真に受けているようでいながら、実際は自分都合へと曲解しているだけの仕方です。ここに科学言説と知的言説との違いが派生しています。前者は倫理的なものを棄却しますが、後者は依拠するのです。倫理を排斥した吉本言説を真似て、倫理がしぶとく残り続けることを排斥したとき、読者は欲望構造へと絡めとられてしまいます。そのとき、剥奪に同意し、去勢の贈与に安泰し、不可能なものを受容して、現実界をそのものとして容認していることになります。学校や大学など、黙って耐えてやり過ごせばいいという思想態度になる。そして、知の実際は、問題を探しその問題を解決するのが知的営みだと錯誤していく。それは、ただ構造の否定性に同意、主体化＝自立化しているにすぎないことです。

吉本との長い対話の前で、私はまさにじっと耐えて（耐えるに値する存在ですから）、批判よりも肯定性を世界線で配置するという欲望において、それを遂行しましたが、同時に言説構造の否定性と穴を時間的に感知して黙していました。吉本言説了解の水準が高まり深まることを「期待」して、終局の満足実現がなされるかもしれないと・・・だがそれは粗野な仕方の他者たちによって期待は案の定、裏切られていきます。知の言説の可能水準へと開かれるのは、ずっと後のことでしょう。

しかし、「構造の否定性」を私は自らの知的資本として発見していきます。それが社会的紐帯を統べる「社会空間」という現実界の穴です。構造の否定性の輪郭が明らかにされるに従って、既存秩序構造を受け入れていく「誤認が再認されていく様態」ですが、社会が象徴界・想像界・現実界を穴として鍵留めしているのです。ブルデュー言説がその穴を埋めていく作業をなしていますが、なぜばなすほどその穴は埋められるのではなく深まっていく。誤認・再認が明証になっていくほど、なぜそれは解消されないのかという問題を深めます。不可能の穴です。それがブルデュー言説の貢献なのです。私は、フーコー、ブルデュー、吉本の言説に対して「批判肯定性」の知的資本を作用させます。

「真理／権力／従体」は社会界の社会言説に配備されていますが「社会」という、その名づけは表象でしかなく、社会なるもの対象aとしては見えないままに穴を穿っています。ゆえ、永続的に規則や規範が記述され続けて果てしない状態になります。社会が全てを包んでいるかのように、対象aの穴の向こう側に表象しているのです。階層や社会集団に配備されているのは仮象でしかない。「現実性の現実性」であり、社会の利害関係において機能しているだけの一部です。

象徴界に真理、想像界に従体、現実界に権力とはめ込んでいくと、従体と権力とを重ねた国家JA、権力と真理を重ねた家族がファルスに侵食されJΦ、真理と従体の重なりに個人が意味を抱えて表象される sens 世界を配置できます。「社会」から見たものです。国

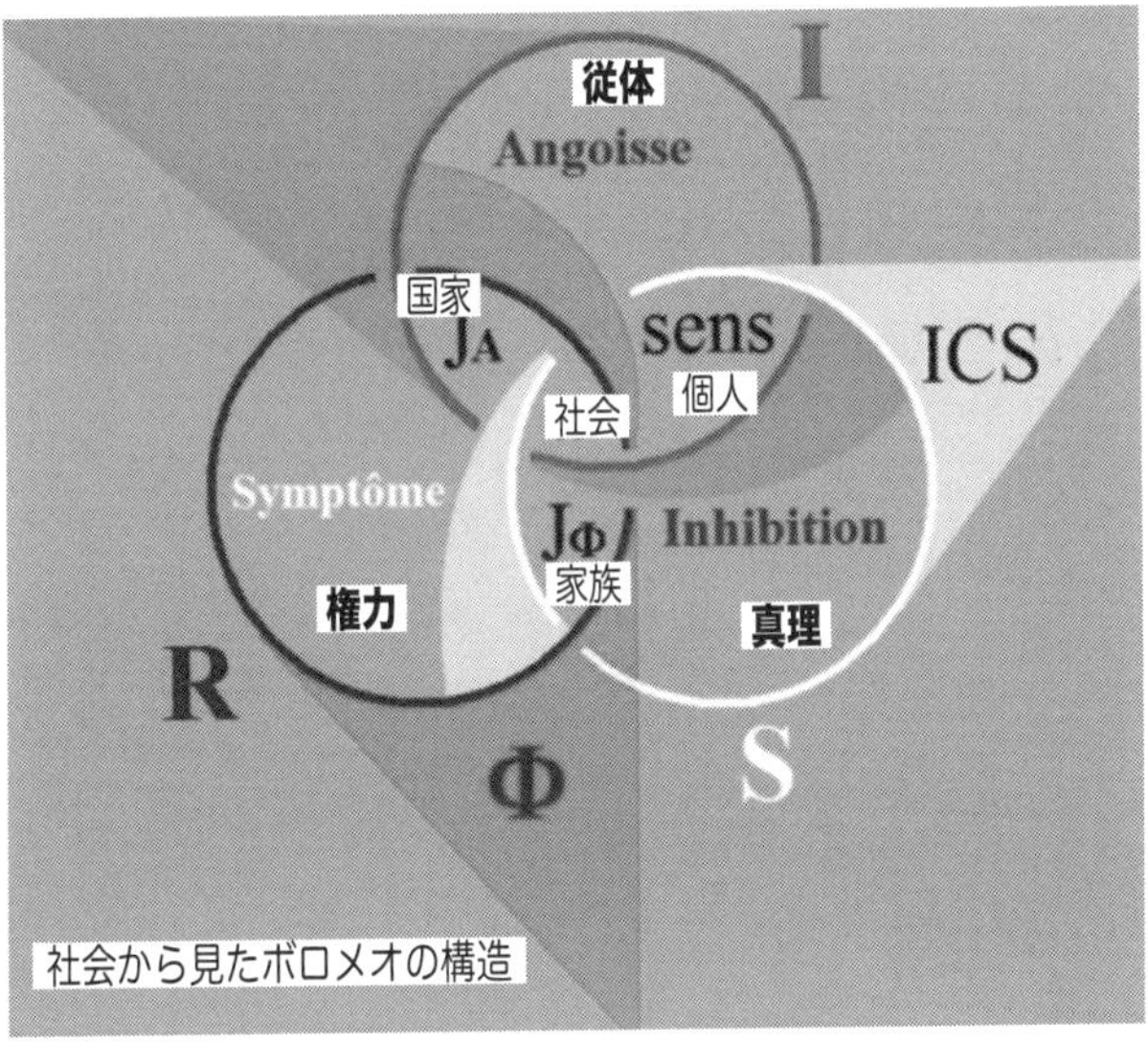

社会から見たボロメオの構造

家、家族、個人から社会が構成されているとみなされるものの根底にある関係です。真理は無意識のランガージュにおいて抑制（制止）inhibition され、従体は名づけられていないが欲望において不安 angoisse へと配置され、権力はファルス権力として症状 symptome を産む。かかる配置換えの性向がみてとれます。（上図）

多様な商品群がそこ＝社会を「物」として埋め合わせていく。商品も果てしなく産出され続けます。無数の規則がそれを支えていく。知／真理も商品化され浮薄さへとばら撒かれていく。構造の否定性が個人従体へ受け入れられて肯定性へと擬似転換されていく。見せかけの欲望がセクシュアリテの分裂に表象されていく。真理の蜃気楼が意味の外部を覆う。自発的に従属している主体（従体）＝主語がその空間を彷徨う。不安や苦悩は軽減できるという幻影に取り憑かれて、存在欠如の現実界を地盤に、「社会言説」の知的資本を獲得したまま、「私はそれについて何も知りたくない」と、思考はAIの言述に依拠していく——そこには情動も自己表出もない、ただ指示表出の整理があるだけの世界です。そういう「社会」ですから、物的に快楽・快適であっても、どこかおかしいと感じられるのです。ビジネスでは「社会の実装化」なる擬似マネジメントが流布されます。知の裂け目に存在する「私」は屑なる対象になった「私の存在」の現れでしかない、とどこかで感じられるのです。便利な快適さと不快さとが、しかし、商品が高度に差異化されるほどに使いずらい不便なものになっていく。

四つの言説も重なり合いましたが、真理／権力／従体の三つもラカンの三つの界に照応しています。フーコーとラカンでは、共約不可能な言説同士であるのに、何かが通約されているのです。それが、「社会」の場であるということです。現在の社会であって、強固です。「真理の試練」をその枠内で働かせています。問題、矛盾、対立は社会の内部で、大学言説の内部で解き明かせられ、その限りにおいて解決される、となっています。

この通約化の明証は、結論的シニフィエで同定されない、考えを転回していく上でのシニフィアン作用のキャッチによってなされます。変換の知的資本が直面している界です。

「社会」に対抗する知的資本

期待の裏切り、イデアの裏切りに対して、不可能なものがあることを知ることは、「事実を満たす satis-fait」ことである。制度化の効果である不能さにまつわる情動――落胆、失敗の感情、罪切感、恐れなど――が癒されることは、構造の変化をもたらすのですが、現実界には何も要求しえない不可能を知ってのことです。それは、「従体的解任 destitution subjective」によってなされる。自分が自分ではなくなっている主体化＝従体化は、「自分が対象となってしまっている」のを知ることであり、平たく言えば、主体などない、自立など無い、自己アイデンティティなどない、という「主体的罷免＝解任」ですが、それが「存在を作り出す」のであって、それは「非存在を作り出すのではなく、特異な強い存在を作り出す」のです (AE, p.273)。虚しい知がそこで消失されます。

つまり、従体のパワー関係が転じられる契機です。主体＝従体による作用ではありません。ラカン的真理の知的資本はその変換パワーがあるのですが、フーコー的三角形の知がないと誤認へとずれてしまう。つまり陽性の治療効果ではない。生きることに満足していることでもない。然るべき知的資本を領有していることであって、それは「社会言説」の円環を知って、そこから脱する挑戦です。情動的な含意が多様にありうるということです。分析家の治療ではないゆえ、その人格は外して＝解任して、「分析言説」の知的作用として了解せねばならない知的資本です。ブルジョア的規範に対立すれば解き放たれるという欲望のことではない。知識を獲得＝所有すれば実現されるという学校化のことでもない。認識すれば意識化され脱せられるという認識哲学のことでもない。主体として設定されてしまう「従体としての自分」を消去する脱出を捉える情動です。「存在の試練」に立ち向かうことです。その知的働きは「社会言説」の想幻化権力の方向転換です。構造の否定性の不可能にぶつかることで直面する「対象a」のシニフィアンの発見です。

フーコーは「自己への配慮」「自己への鍛錬」によって、対象aを見出すかのような主体解釈を「汝自身を知る」ことへ対峙（ラカンも）させて浮だたさせましたが、そうではない。自分技術の知的資本を領有することです。それは述語的享楽です。あってはならない享楽が現実界には蠢いている、その中で述語的享楽も身を潜めているのです。先に例示したプロジェクト提案者は享楽にあるのに、文章制作者にはうまく書こうという欲望しかない、享楽喪失なのです。この分岐は、決定的なものであるようです。

私ごとでもうしわけないが、私にそれは「笛を吹く」享楽、着物を着る享楽として身体的に享楽されている。ともに、主体＝従体は解任されている。そうでないと篠笛は鳴らない、笛と非分離にならないと音が出ない。音楽を奏すること、芸術が政治的諸関係にあるゆえ純粋美学は存在しないという社会構築主義の批判は、この述語的享楽を見失っている批判言説である。エモーションに関する不手際の知的資本だ。概念創出の哲学も科学技術の発見も、多分に政治的なものの規制性にあるが、美術もまたその配置に多分に置かれるのだが、音を奏でる演奏はその閾を脱する述語的非分離の享楽がある。ショスタコーヴィチの交響曲がスターリニズムの規制を受けていたところで、そのムラヴィンスキー指揮による演奏は、またゲルギエフがプーチン支持に堕したとてその演奏指揮は、政治的なものの規定を脱する、ムラヴィンスキーの「沈着さ」とゲルギエフの「熱狂」にある。狩野嘉宏によって奏された篠笛のCD『いざよい』に私は解説を書かせていただいたのだが、その「情」景演奏には政治的なものを超絶した界閾が開かれている。山口幹文の真笛の演奏も。言語の中で言われたり書かれたりできないものの音、その音色の「情」奏であるからだ。

言語としての述語化が不可能な述定的享楽があるのです。「現実界は知られる存在ではない、述定することが不可能である」、ゆえ現実界には知があるということ（AL, p.138）。

　意味として名づけられていない意味の外部に知が存在します。概念転移とは、ただ概念の内容を転じることではない、まだ概念として言表されていないものを見つけ出して言表化＝言表表出することです。それはボロメオの輪の世界を配置することから、その真ん中の穴の対象aを名づけていくことを可能にします。真理／権力／従体も三角形からボロメオの輪へと配置換えdispositionされることです。享楽される意味の外部を見出していけるように。そこには想幻化作用がシニフィアン機能していることを私は見出しました。心的なものがアフェクトされている作用です。情動《アフェクト》の変化《チェンジ》は、意味から引き出された享楽の失墜、意味の効力の失墜で起きます。意味に関する情動は、変換に関係した真理の身分にあるのです。変換の知的資本においては情動資本／情緒資本が同時に協働しています。それは現実界に関係している情動です。主観などではない。意味の生成の場所（述語的場所）がそこにあるのです。

ある企業で、私はその企業のイノベーションが知的資本と情緒資本の相反協働にあることを説いたが、大学言説のままの年長幹部たちは変換の知的資本を身体的に拒否しているのを感じた。彼らは知らないでしているが、変換が自分の存在否定になると知っている。若手幹部は呼び出されて俺に歯向かうのかと威嚇された。幻影が持つ唯一無二の意味を保持していたままの欲望が経営している。会長が私を使って幹部たちになしたかったこと（期待）は、享楽された意味 sens-joui を、欲望の経営に変わって享楽の経営へと取り戻したかったからだが、社長の欲望によって排除された。

「真理に結びついた諸情動は、変換 transfert のもとで解放される情動である」。人が真理へと競走するのを愛するのは、前途有望な、期待をもたせ、小さな発見をもたらすからです。ですが真理は不能 impuissance に親しんでおり、決して全てを言わず、半分しか言わない mi-dite のです。(AL, p.139)

いくらかの真理を言うことはできても、真理なるもの *la verité* は存在しないがゆえ、失望が待ち受けています。全てであることを望んでいながら、決して到達できない蜃気楼です。しかも真理は嘘をつく。人を騙す。愛は騙しである。現実界に迫る真理は失敗する。「私は現実界の真理を言うことはできない」(AL, p.139)、つまり「現実界の真実を言うことの不可能 imposibilité de dire vrai du réel」(AE, p.481)。これを自分自身で知っていることが、実は無意識に関わっていることであり、意味を締め出す不可解な享楽が意味の外部にあることは伝達されないのを知っていることです。

そして自分を自分へ取り戻すには、規制された場から出ることである。つまり、「社会なるもの」の現実界の場から出ること、社会化されている自分から出ることです。この退出は、変換的無意識の空間が再び開かれるという精神分析的なことではなく、現実界に「場所」を、述語的に見出していく配置に立つことです。社会化されている話存在(社会言説に取り囲まれている存在)の意味の外部にある現実界に対応している何らかの情動が蠢いている、それを問い見出すことです。そこには「不安」がある、「虚構に抵抗している真理」に抗している「対象」と同じようにシグナルを発しているものです。社会からまた社会化された自分から退出することに対して、つまり現実界に対して不能さの感覚が第一に反応します。真理は期待を裏切るからですが、不安は真理からは生じない、真理に抗して反応するのです。現実界は、(社会としての)共通の意味の外部にある自明なものです、社会化されたものは想像界にあるにすぎない、現実性の仮象でしかありません。そこに棲まう自己は社会エージェントとしての自分であって自分自身ではない、それが真理に対して不安を反応させるのです。真正の知的資本からではない、社会言説=真理に従体化されていることからです。主体化=従体化された真理(社会なるものの社会言説の真理）の外部に現実界はあり、さらには現実界そのものへ迫る真理はそれと対抗します。現実界は真実からは到来しない、正確に言うと、象徴界（いわば国家）の外部の現実界は、社会なるもの＝真実の意味の外部にあって、私が私である真理を動機づけてはおらず、享楽の現実的〈fixion〉（虚構的な癒着）による「真理の裂け目 béance」に詰め物 bouchon をなすだけなのです（AL, p.141）。つまり、共想幻と個想幻とが癒着した＝fixion している幻影に覆われた想像的社会人として物質的にも生活している、その幻影《ファンタジー》＝想幻化の真理については、何も語られていないのです。この想幻の場所を私は発見した。

　本質的なものとして想定される現実界と歴史的なものに配備されている現実界とを切り離して考えるのではなく、その関係的な規定性を考えることです。つまり、現実界には性関係はない。なのに現実的なものを考えるのだと言って、問題を見つけて解決するという欲望に囚われて、自分は真理を述べているという要求への対応をなして、社会化された地位での欲求をこなしている「大学人言説」の真理が、「社会なるもの」に浸透して、新たな言説の真理生産に抗する不安を招いています。このことを、知っていることです。真理は欠けている対象を前提にしていることは、Xの知的資本においてもYの知的資本においても同じです。そこに対して「欠如の欠如」が現実界の対象aを浮きださせます。それはボロメオの輪の構造の穴の中にあるのです。

欺かない地平へ

「変換の知的資本」は、この対象aの外皮によって、つまり「文字」によって示されてはいるが語られていない＝隠されているシニフィアンを、概念的にシニフィアンの構築物として見つけ名づけることです。

ところがここに、知的資本Xのほころびをいいことに、それを証言しあう社会関係を関係作りだと共有しあう慰みの仲間づくりが配置されます。それはせいぜい嘘をつく証言しかすることをできない。そこに文化資本がないため、また文化資本を領有しようとしないため――文化はシビアな対立を生み出すゆえ――、意味の享楽がやせ衰えていくだけになります。指摘しても、嘘をついている自覚は不在になっているため、不安を回避するため、頑なに気づこうとはしません。社会＝社交がそこで保持されています。真理が半分言うだけでなく、嘘をつくことを知らないのも、それが実際には関係者の誰も困らせないからであり、現実性と関係がないわけではないからです。何か解決されるようなことを示していても、言語に結びついた不可能性と連帯して、言葉がそこでは欠けているだけなのですが、社会関係資本をそこに稼働させると、文化資本は削がれていきます。

あるシンポジュウムに登壇者として実際にこれを経験して私は知った。主催司会者は、真理がすべてではない裂け目に遭遇して、「良いことを言い合う」＝嘘をつきあう会合になっている場で、現実界を語る私が出現させたことに触れてしまったため、言葉を失い、私に反応した他者の問いに対応できなくなった。そして、聴衆の多くは現実界の不可能に日々接しているため、私の「嘘をつかない現実界」を示す言に共鳴的な反応を示した。だが「それ」をまだ知らない。「社会なるもの」の意味の失墜、そこで語られている蜃気楼の気圧の低下が瞬間的にもたらされ、社会の真理が嘘をついているのを感知したからだ。欠如の欠如が現れたのである。

近年、私の言は、共鳴的な反応を聴衆にもたらすようになっているようです。かつての無反応の拒絶が薄れてきています。結論に値する満足に変化が起きているためですが、聴衆はまだ知的資本Yを知り領有するには至っていませんので、了解にはまだまだ時間を要するかと。真理を目指した象徴的闘争という蜃気楼に伴う満足に終止符がまだ打たれていないからです。「変換の知的資本」は、真理と現実界の間で、意味の探究とそのデフレーションとの間での揺れ動きの、長い時間が繰り返されることにあります。

現実界に考えが及んで、「非真実らしさの現実界の変換的否定」が止んだことを言うことしかしていませんから、その変換・転移によって生産された知の変換的仮説の配置から抜け出して、現実的なものである「主体（従体）なき知 savoir sans sujet」の真価が見極められていくことです。（AL,p.144）

精神分析的な解読をし続けるのをやめることなのですが、実際には知の解読の享楽は止むことはない。分析主体の満足（結論の代理の満足）の問題ではないのです。「分かった」という体験ではなく、分かり続けていく（＝分からなさがなされ続けていく）、意味の外部における享楽の変化です。そこには伝達されることのない現実界の知に関する情動、つまり情緒資本の場所があります（情動を情緒資本へと転じる資本作用）。不安に始まって、仮象にすがるのをやめた、変換の作業にまつわる情動が存在しているのです。私が知ったり確信をもって語るのが困難な、主張界の外部にある現実界に向かい合い続けているときの、現実界がアフェクトしてくる情動ですが、現実界は〈私〉を欺かないのです。

「変換の知的資本」Zから示される真理＝知について、それを知らしめられる人たちは、真理の不可能性と、自分の従体＝主体を超え出る現実界への恐れに直面して、失望と不安の間で宙吊りにされることがありうるのを、「変換の知的資本」は知っておかねばなりません。それを希望と絶望との間の虚しい行程に囚われて動けないようにしてしまってはならない。象徴界に置いたままにしないように、想幻化のパワー作用を転じていかねばならないのです。欺瞞に陥ることなく、変換のルアーは示されねばならない、それが相対的無の企画提案になる。そのプロジェクトは文化資本の提示であることです。社会関係資本の提案ではない。絶対無の場所を出現させていく装置になることです。

現実界のすべてが意味によって取り扱うことができるわけではないことにおいて、真理／権力／従体のボロメオの輪の重なった結び目の諸資本を的確に文化配置していくことです。変換のままに止まらずに、知的資本Yによる設計が開かれていくこと。その指針を配置したまとめが、私のたどり着いた基本図です。「変換の知的資本」Zが文化資本マネジメントとして機能していくための道標です。文化資本は、対象aを探って抽出していく知的資本の作業を意味します。（文化資本とは美術館など文化財や学歴のことではない。）

これは、主体＝従体が経験上自身から分離されてしまったものを再統合しようというのではありません――切り離された事柄の対象となったすべてものを再統合して釣り合いをなそうという原始的統合の回復ではないのです。現実的なものとして、現実において、現実的なものを象徴界へとおしこむことの効果から、バラバラにされてしまった諸資本を対象にして、見えなくなった隠された失われたものを、対象aへと見出し資本関係行使していこうという指標です。絶対無の場所の出現がそこに伴います。*

諸資本のボロメオの輪　基本図の界

この基本図は、ラカン的な本質構造にフーコー的な歴史表出のパワー作用を重ねたものです。下図Aの「真理／権力／従体」の配置は相互変容すると考えるべきで、場所を固定してはなりません。先の図は社会から見たものですが、基本図は文化から見たものです。

ソレールのラカン解釈にフーコー的言説を織り込みながら論じてきましたが、フー

* 場所の国つ神を発掘して、放置されていた温泉源泉の公衆浴場を改築して、「恩湯」プロジェクトを立ち上げた大谷山荘の大谷和弘社長は、明治維新によって封じ込められていた神仏習合の抑圧を解き放ち、神社と寺が協働する絶対無の場所の出現を、この基本図をよく理解して実行されています。「変換の知的資本」を最も明証に実行可能へと開いています。

諸資本の基本図

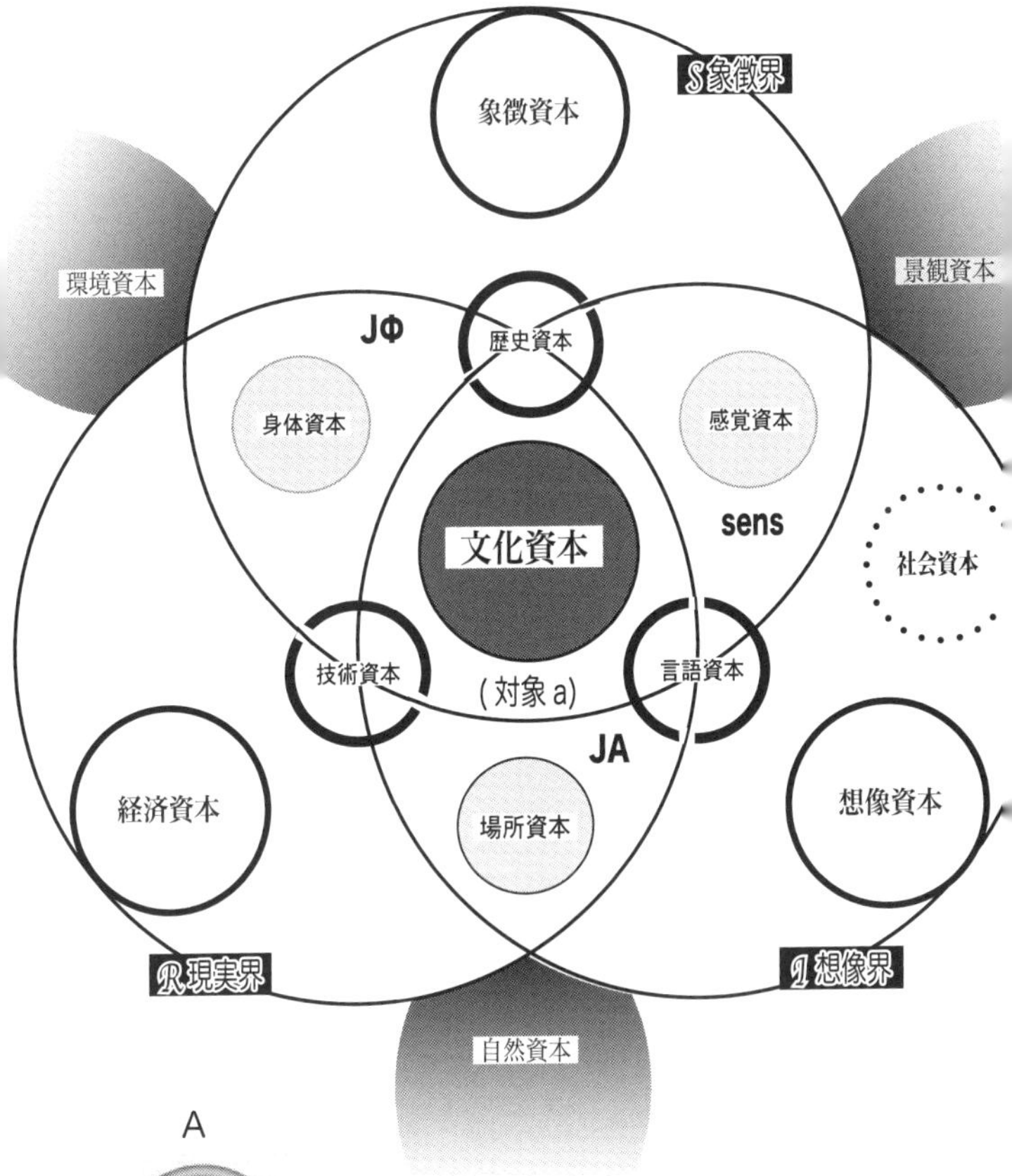

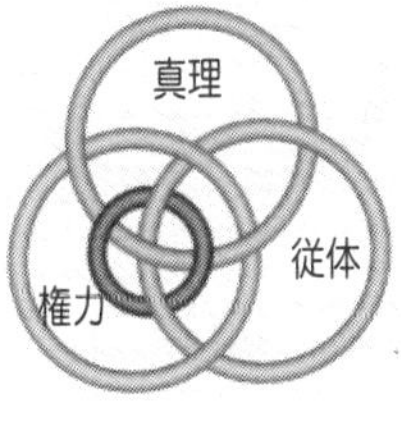

これらの諸資本において、その対象から「資本」を取り除いているのが「社会言説」による社会の実定化とその自然性化です。身体資本は身体へ、言語資本は言語へと実体化され内部性へと封じ込められます。

コー的な真理をそのまま可能条件とさせずに、その規制的不可能さを切り開いていくためです。フーコーを大学言説に退行させないためには、知の不可能さ、知の限界への了解が不可避なのです。それはどの思想・理論に対してもですが、とくに積極的に取り上げていこうとする思想言説に対しての自戒です。

現実界は意味を締め出す、というパワー作用を働かしています。そこに配置された経済資本は、この現在において、商品経済として資本経済を締め出している。それは、商品経済へと締め出されて、商品経済は可能化している、という意味です。身体資本は労働へと締め出され、場所は地方へと締め出されている。そこで、喪失させられているものは「何か」が批判理論の成果として確認されていく知です。商品は利益を約束するように見えますが、約束するだけでそうなるとは限りません。商品経済の知を練り上げていることは、何らかの欠如の再帰を含意しています。それは、互酬性であり贈与であり、非経済的な諸資本であり、さらには交換や利潤すら欠如させていく作用になっています。いわば経済の本源の欠如であり、逆生産の産出である欠如です。その商品経済での資本の欠如は、国家の下での国民市場として象徴界の穴へと刻みこまれ、想像界の社会規範経済として仮象されます。労働に締め出された身体は、欲望する主体として、給与を欲望しますが、性的欲望を禁じられて家庭の性主体へと締め出されています。情動感覚は、苛酷な感情労働へと疎外されます。商品世界の疎外や物象化という締め出しは遥かにそれを超えて、文化喪失や環境汚染を生み出す、などなど。経営者や労働者の理解を超えた非構造的で現実的なものが配置されており、実際に現実的な現場を覆っている物事です。

「何をしていいのかわからない」という情感が、企業の中にうごめいています。たくさんの症状がそこに輩出されているのに、対象として掴みえていない物事になってます。

それは、言葉と身体と享楽を結ぶボロメオ的な症状ですが、歴史資本と技術資本と言語資本において対象化されうるものであり、身体資本／感覚資本／場所資本の本源的なもの（穴に沈んでいるもの）として再帰されるべきもの（＝欠如とされている）です。想像資本は社会へと構成され、象徴資本は国家へと構成されています、現実界は市場経済へと転換されている。そうなす想幻化権力作用が、感覚・身体・場所へ働いているのです。身体は現実界化された象徴界にあり（ファルス享楽）、感覚は象徴界化された想像界にあり（意味）、場所は想像界化された現実界にある（〈他者〉享楽）。この界化と界の関係は逆転もされえます。想幻化は界をまたぐ心的な化作用です。

それらにおいて主体＝従体の謎めいた情動へと、文字の痕跡がしるされます。「把握されるのを拒む享楽」のために作動する知がそこには存在しているのです。それが想幻化です。幻想でも意味でも力でもない、しかしそれらに関わっている実際作用《プラチック》です。

その結果＝効果、社会生存するには就職すること、良き就職するには学歴を有すること、そのためには偏差値能力を所有すること、そのためには幼児から学習すること、良き躾が身体・感覚になされること、ララングを捨てて正しいランガージュに領有されること、良き誕生がなされる性関係が結ばれていること、これらにふさわしい結婚相手を選択すること、などなどが遡及連鎖循環しています。〈一者〉のシニフィエが構成されている世界の「社会的な繋がり＝紐帯」です。口唇期が社会言説の中に保証されています。

これを変換する知的資本は、同じ場所で、これらの想幻化関係を転じることになります。次節で、それを示しますが、新たな知の領有と行使が不可欠になります。社会言説として常識である共通の意味と決別して、新しい意味を付け加えることです。その知の文化資本は、非分離／述語制／場所／非自己の日本文化の原理において概念構成される知的資本Yであり情緒資本です。トポロジー的思考技術の領有がそこで求められる、空間的感覚の移動です。この感覚知は重要です。数式ではない、感覚知のマテームです。ツールです。シニフィエによって概念化されている思考は、言葉が名づけるものの可能な現前を自らのうちに覆い隠してしまっている、そこから脱するツールです。

概念転移は、書かれたことにおいて可能になりますが、基本図に記された諸資本を少なくとも見渡している知的資本であることが最小限に要されてなされることです。その一部を分路し切り取ってしまう大学言説の専門性に横滑りしてはなりません。

●**歴史資本**とは、現実界と想像界との結び目が象徴界に置かれているものです。
●**言語資本**とは、象徴界と現実界との結び目が想像界に置かれているものです。
●**技術資本**とは、想像界と象徴界との結び目が現実界に置かれているものです。

文化資本の要のこの三資本を指標に、それぞれにおいて名付けられていない対象aを探索していくこと。それは、シャルチエがヘーゲル歴史学批判から取り出した「社会の文化史」、コルヴァンたちが取り組んだ「エモーションの歴史*」などであり、富士谷成章、松下大三郎、佐久間鼎、三上章が捉えようとした述語制言語の考証であり、矢野雅文が開示している物質科学技術にかかわる生命科学技術、などです。これら資本に想幻化作用がなされている。

知的資本は知識の集積体ではない、知が作用する「知る」「考える」アクションです。問題を解決する、などという嘘は言わないこと。対象それ自体に取り組み、そこで浮き出している問題=症状に向き合い、語られていない対象aにシニフィアンを見出していくことです。知の応用ではない、真理の不可能さにあろうとも、半分しか言えずとも、知/言説を生産していくことです。

この分析言説の行使は、社会に置かれると専制主義へと転倒する注意は、知的資本論/政治資本論で述べました。そうならないためには、分析哲学批判を媒介にせねばならない。

* コルヴァン他、編『感情の歴史』全3冊、藤原書店。

大学言説と大学教師／知識人

真理の権力でもって諸個人を従体へと形成しているのが、大学装置のもとで生存している大学人＝大学教師たちです。講義内容を自分で決め、それによって学生たちを試験し評価し成績をつけ単位を出す。忍従への贈与としての資格付与＝学歴。この権力関係を凝縮した作用は、学生が社会エージェント＝賃労働者になり従順に規則に従属する従体＝主体となることを、生産諸関係の再生産を兼ねた「生産者の再生産」として最も効率的になしています。その依拠している大学言説の構造は示しましたが、そのシニフィエの占有は知の退廃を生み出している根源です。フーコーの知識人批判、ブルデューの大学批判／スコラ学問批判は、知的資本の行使の上で知っておくべきことです。T大学名誉教授が「学者とは」問題を見つけて解決することだ、とポロリと不用意に吐露してしまう本音に、真理が嘘として込められているのを自覚できないところまで、それはきています。解決できる問題しか見つけていない、シニフィエに限定された対象しか扱っていない、問題を見出すことが生産物であることしかしていない、ことへの認識も自覚もないあり方です。そこからの資本主義論など使い物にもなりませんが、T大学権威のもとで保証されていることでしかない。学歴や地位は、知の質ではないのに、制度化権力はそれを正当化させ権威化します、つまり他を貶めるための、制度化の権力効果でしかありません。「他の職業に対して平等と正義のモラルを公言」しながら、自分自身の賃労働のまた権力作用のワークは問わずに「自分の成功と名声」に何の疑いも抱いていない、自分が身を置いている世界に批判はまかりならぬ（ブーヴレス）、という態度からなされているものです。

大学は腐敗しているから改善せよというのではありません。大学は大学言説を科学言説とともに再生産し続けるのが、その本性です。それは変えられない、変わりえない。そこで訪れる停滞・腐敗は世界変化に対して免れない。改革の主張では、改善ではなく自己保守が機能する。学生たちが保守化し、大学教師がなしえない保守改革をUSAのように先導し始める。科学言説は多分に大学の枠をはみ出して機能していきますが、その物的世界は科学者の不安とは無縁に配置され、また情動を完全に排除している「冷たい」科学として何の変化もないものの増殖で、欲望を活気づけ、その恩恵以上に弊害はリスク社会を生み出しています。原子爆弾はその究極ですが、原子爆弾を廃絶しない知性は、大学言説に支えられた大卒人の政治知性であるためです。国家の外交均衡のために、核廃絶へ参画はできないと、不可能の正統性を主張する技術官僚の仕方です。

オッペンハイマーの悲劇でもあり、さかのぼりノーベルのダイナマイトの貢献と殺戮ですが、その罪責感からノーベル賞が作られましたが、その賞金はおそよ一億円でしかない。ちょっとした総合研究プロジェクトを立ち上げれば一年でなくなってしまう額でしかない。日本のノーベル賞受賞者が、賞金を「基礎研究開発に使ってもらいたい」と殊勝なことを善意で言ってましたが、大学人の経済感覚の無知さを示しています。研究環境がいかに粗末でしかないかの実情を示している。ノーベル賞をありがたくまつっているただの権威は、政治的な象徴化でしかないものです。

科学言説は、ヒステリー言説と同じです。病者の言説ですが、症候シニフィアンにとどまります。

大学言説によって結果される効果は以下のようなものです。わかりやすく述べます。

「わかる」という理解に関して。

●やさしく書けばわかられる

難しい論述だから、やさしく書けば分かられる、と出版社の多くが著者に「やさしく書くこと」を要求する。読者は無知であり、考えない、と前提にしている。あるビジネス書の社長が、私にこう言った「読者はバカだ、バカに向かって書け」と。すると数千部から数万部になる、という。もちろんこの出版社とは一緒に仕事できなくなりますが、市場が、「わかりやすい」ことが「わかること」に結びついていると構成されているのです。大学教師が、難しい古典を、恣意的にわかりやすく語り、ヘーゲルやマルクスやブルデューが一時限の講義で伝えられることを平然となす効果です。知が普及されているのではなく、無知の普及効果でしかない。無形体のものの論理的思考の機能を、肉体化に直接明証すれば存在は分節化されて事実として理解表象される、というのです。

●具体が挙げられるとわかる

理論的抽象でわかりにくいから具体例を出してく

れ、そうすればわかる、という姿勢が蔓延している。これは論証すべきものを論証されたと前提にして具体に訴えることで、具体例が持っている対象自体の総体や複雑さが捨象されるに過ぎないことが、わかっていない。一義的シニフィエで例示がわかったつもりになっているだけで、具体の現実界の不可能さを捨象している。つまり何もわかっていない虚偽でしかない。

●理論は抽象で、わかりにくい

この態度は、理論化を、具体に対立する抽象＝捨象とみなして、概念了解を拒否し、既存に依拠している概念空間を暗黙に使っているだけ、象徴界が具現化している基点の放棄です。異なる概念世界や概念転移を了解することへの「拒絶」、つまり現実界の不可能さへの放棄でしかないものです。シニフィアンの理論生産と真逆のシニフィエ認識が理論だと誤認している。

●わからない方が威張る

知に対して受け手になっているため、「難しくて分からない、わかりやすく書け」と威張る。主体が自発的従属である良い例だが、分かる従属を要求している。俺が従属できるように書け、説け、なら従ってやる。そうでないなら切る、排除する、権力関係の要求です。わからない方が主人になる。自分で理解する努力、自分を向上させることはしない。ただの怠慢のはびこりですが、想定されたものを存在の中で適応させる動機でしかない。

こうした「理解の仕方」は、送り手＝教師・著者、受け手＝学生・読者と一方的ながれを前提にした学校化の知識消化＝知識預金の仕方です。主奴関係が知的交換へ使われて、主人に従者は従えという主人言説でしかないものですが、主語に述語は従属するという構文命題形式による認識として大学言説へと転移され正当化されているものです。しかも、真理提供者からの権力関係の行使ですが、自由の論理がそこの穴にまいこんで、読者の方が偉い、と反転させられ、「売れる」という商業関係が重なって正統化権力作用しています。市場の欲望への従属が、知の獲得に権力作用しているのです。学校で、子供の時から躾けられてきた従順化であり、ちょっとした知識を持った＝所有した者が、自分が分からないものに出会うと、拒絶すれば自分がある、と錯誤している状態を派生させています。

これは、読者の欲望が絶対条件化され、要求の余白へ反転される関係構造であり、欲求が通れば欲望が満たされると、欲望を矮小化＝従体化しています。そこに本を「買う」欲求が重ねられ、読んで「わからない」と損失だ、贈与は成り立たない、損失を買うなど損であるから、わかるものしか購入しない、読まない、ということです。知的な書はかかる肛門期的市場規制を受けて、糞とされ刊行されなくなり、知的資本はどんどん劣化していきます。大学の知的レベルが低さが共作用し、専門書は味気ない教科書へと狭められます。

つまり制度的関係が主語制言語構文の認識をもって、消費欲求の経済関係に置かれて、心的な欲望充足をなそうという重層構造に、他者の要求に答えられる術でしかない「理解すること」が配置されているのです。

ここから派生して、「知的流行」は、思想・理論の理解において他人と同じでいたくない、最上の差異を獲得する交換経済に、価値の時間的な先取りをなせば、自分は固有でいられる「出来」となっていく、欲望からの肯定です。

理解とは暴力であるとハンナ・アーレントは指摘しましたが、理解の象徴暴力に自らが闘うか放棄するか回避するかなどの「理解」戦略が個々人によって採用されている。そこで、すでに手持ちにあるものへの再認の安心感を得ようとしている者たちがとる仕方が、以上の現象です。主体＝従体の営みでしかない。そこで概念転移は、理性的に批判されるのではなく、感情的に拒絶されます。手持ちの知識は預金してきたものだ、それを奪われる、と利害勘定しているのです。しかも、最初から正解ありきで循環しているものです。上司が部下に、「分かってないな」と叱正している光景になってあちこちで見られます。自分が出世して上司になると部下へ繰返す。知識・経験を持っているものと、それに対して少ししか持っていないものとの権力関係行使です。学校化で身体化してきた関係交通の仕方です。知的流行の新しさを少しかじっただけの者に多い現象ですが、おまけに行為者として批判能力として使われるのです。知識所有をスタイルだと錯認しているあり方です。

哲学の供給者の身分が危うくなり、賢人が世界観を形作るのをためらうようになって、商業的な「小売の哲学は今日恐ろしいほど大量に行なわれ、世界像も何もないのにおまけつきで何かが得られる店ばかりがやたらと増え」「哲学に対する顕著な不信感が満ち満ちている」とムージルは述べていた。消費社会の商品が充満して、安楽世界が哲学など必要としていない状況をすでに先取りして述べてます。企業人、政治家、専門家たちは、哲学を必要とせずに、ただ自分利益で行動しているのみとなっている。

ブーヴレスは、構造論の流行にこうした文化現象が起きていることを、自食症候群だと指摘しながら、構造論自体を批判していくのですが、分析哲学者として、構造論がはなもちならないようです。ムージルを哲学者にならなかった文学の哲学者として抽出した卓越さに比して、構造論理解は杜撰すぎますが、理論の論理不足の指摘は、知的資本のありようとしてこちらが自覚しておいた方がいいことです。その上で、理論言説間の穴を見出していくことになります。ヴィトゲンシュタインとブーヴレスとして論じたいところですが、分析哲学批判は一筋縄ではいかないゆえ、別の機会へとネグレクトさせていただきます。

普遍的知識人の陥落

知識人とは、「人間、人類、国民、人民、プロレタリアート、生きとし生けるもの＝被造物、ないしはこれらに類する何らかの実体的存在の立場に身を置いて」、「普遍的価値を備えた一個の主体の立場に自己を同一化」し、その視点から「ある状況ないし状態を記述し、分析して、その主体が自己を実現するために」、「少なくともその自己実現の前進のために」、「何がなされなければならないかを指示するような精神の持ち主である」と一九八三年にリオタールは言明した*。そして「知識人の責任は、普遍的な主体という(共有された)イデーと不可分である」と「責任」を付加します。責任が謙虚姿勢ではなく、知識人の優越性として述べられているだけのリオタールです。

かかる知識人に対して、知的な専門管理者たちは、最良のパフォーマンスの実現を目指して、ある操作の最良の「インプット／アウトプット」の経費の捻出方法、時間の得失、公衆からの評価という技術的な判断基準をなしているだけで、普遍的主体の理念の体現を目的としていない、自己の領域の限界、遂行性の本性を問い正しもせずに、与えられたままの現実の切り取り方、行動の評価基準を受け入れているだけだと批判するのです。

後者の批判は、それなりにまあまあとしても、先に立

* リオタール『知識人の終焉』法政大学出版局。

てた普遍的な知識人像は、こそばゆい綺麗事の、不可能への騙し、欺きとしかいい得ないものです。「普遍的主体」なるものなど存在していないことを知ることとは、普遍の放棄ではない、イデアが裏切られることを知っていることであり、己れ自身を省察することであり、現実界の不可能さに真正に取り組むことであって、自己実現などへ自分を飼育することではありません。「真理―権力―従体」の関係を認識していないと、こういう言述になってしまう。そして、聞く者に教えてやる、育成してやる、と旧態のままに落ち着く。知的には、しなやか、軽やかになることだ、とポスト・モダンの条件へと導く。

知への堕落は、こうした理念的な普遍化を創造へと短絡させて、一般化を図ることから招き寄せられます。全てに耳を傾ける開いた姿勢を持っていたかつての大学人擬制に合体して、知の権力を権威行使していくのです。テレビで滔々と知ったかぶりで話している解説者などがその典型ですが、「わかりやすい」誤魔化しの知識を所有することが世界を知ることだと誤認させているものでしかない。それは国家が知っていることへ自分が同致していくことをなしているだけです。知への真摯な対峙とはおよそ無縁です……と、私も偉そうになってしまうのが、知識の知的誘惑なのですが、学べば学ぶほどわからないことが出現してくることに、自分は謙虚にたじろがずに向かい合い続けることで、彼らとは違うという他ない。自分が自分へ知ることを私は述べているだけです。これみよがしの識別の細分化――例えばブーヴレスは「哲学が描いた円から出ようとしてはならないと信じ込むこと」と「哲学にはその円から出る能力がなく、いつまでも出れない」ということは別問題だと識別すること――が思考であるかのような偽装はしないということ（大学言説哲学は出れないから円に閉じこもるだけのことなのに）。

ブーヴレスのムージル論、ヴィトゲンシュタイン論は秀逸ゆえ、日本に招いてセミナーしたのですが、コレージュ・ド・フランスへの任命が決まってまだ赴任していなかった。その素朴な人柄と鋭利な考察は卓越していますが、コレージュ・ド・フランスに就任後は権威権化になってしまう。ブルデューが競合相手を粉砕して彼を推薦したとブーヴレス当人からそのときに聞いた。フーコーの反人間主義は、闘争的価値のあまりにも人間的な本性、その胡散臭い起源といかがわしい性格を、真理や客観性一般と同じように決定的に証明した、現代人間へのリアルな問題に関心を抱いた一種の人間論だ、と批判してしまうものは最初から胚胎していたということ。分析哲学の厳密さの限界は、ポパー的な反証認証科学の次元を脱せていない運命に至るようです。しかし、彼のムージル論は意味あります。文学の方が哲学だということの示唆は彼から得たものです。*

ブルデューが、「認識作業によってその機能法則が明らかになって行くはずの諸メカニズムが、当事者側の認識不足によってある効力を及ぼしている時はいつも、すなわち、その効力たるものが象徴的次元での暴力に近いものになっている時はいつも、認識作業はそれ自体で効果を生むのであって、それは桎梏からの解放という働きをなすように思われる」と批判し、「その特殊な暴力形態は確かに認識主体に及ぼされるのだが、しかしその認識主体の認識行為なるものは、部分的で欺瞞的であるがゆえに、支配というものの真の基盤に対する認識不足に伴って生じる支配を、暗黙裡に再認してしまっている」と指摘しているとき、ブルデューは認識論・認知論の枠から出ていないのです。これをブーヴレスは、象徴的暴力を振るっている者がわずかでも後ろめたい気持ちになるわけでも、その暴力に喘いでいる者がわずかでも反抗心を起こすわけでもないと、情動・意識の問題へと切り替えてしまう。知識と意識との問題としてブルデューは論じていません。ともに、言説論の界への転移がないための認識・意識の次元での指摘です。

私の提示する知的資本は、認識主体の認識行為なるものは設定されないことの地平を開くことです。支配の行使や承認・再認は、従体の想幻化においてなされている想幻権力作用です。知の営みがそれを支えてしまう。それは共想幻と個想幻とを融解させる作用であって、主体＝従体の問題にはない、想幻構造の関係作用です。

その効果は、知領域への自己限界づけによる拒否として現れます。自分テリトリーから出ようとしないことは、自分の領分への真摯な態度のように思われていますが、それは自分の意味の外部を見ようとしない、自分の対象としているものの環境世界を見ようとしない、自己満足の知的営みでしかない。この満足の幻影は、疎外の効果です。大学言説のシニフィエ規定の場所化がなされている状態です。大学分析言説を、その下位概念へと配置して、狭い範囲で、つ

* ブーヴレス『哲学の自食症候群』、『合理性とシニシズム』、『規則の力』（法政大学出版局）、『アナロジーの罠』、『言うことと、何も言わないこと』、『ヴィトゲンシュタインからフロイトへ』（国文社）。Jacques Bouveresse, *L'Homme probable - Robert Musil, le hasard, la moyenne et l'escargot de l'histoire*, l'éclat, 1993.

まり権力分割された領域での知の権力を作用させていることへの自覚がないのです。というより、外部への不能を転移させて、緻密さへの限界づけだと欺いています。専門主義がその典型として象徴化されているものです。現実界からの疎外です。そこに従順な者は、力能が自分にはない、と自分で謙虚だと決めこんでしまうようです。

知の転換をさせないもの：
大学言説に落下しないために自覚しておくこと

変換が設定されたとき、つまり「変換の知的資本」が動いたとき、二つの反応がX知的資本からなされます。

一つは、「難しい」「難解だ」という受容次元での「拒絶の反応」、もう一つは「分かったふり」の反応で、それは「自分がわからない」とは言わずに「他者は分からないよ」という仕方で表明されます。ともに、「了解の拒絶」であり、他人事への転化です。「分からない」という「分かり」ではなく、「分かろうとしない」拒否姿勢ですが、聴くことは拒否されていないものの、受容的な対応としては拒否です。ここには、実に多くの情動が作用しています。知と愛の間にうごめく「憎愛」です。愛するがゆえに憎み、憎むがゆえに愛する、という相反関係が共時的に新しいものへ反発拒否として動いています。エモーショナルな知性ですので強力です。

主人言説は、自分には「関係ない」と聴こうともしない拒否の態度をとりますが、大学言説はとりあえず聴いてやんわりないし筋違いから学術強圧的に拒否します。「それもいいかもしれないが、僕はそうは思わない」と感想をそのとき述べますが、どうそうでないかは言明しないで(分かっていないから)避けて、実際には受け入れようとはしない。ハーバマスやテイラーの哲学的なフーコー批判から、ポパーによるクーンへの学術シンポを開いての袋叩き、チョムスキーの「単純なアイデアをむやみな修辞で記述している」なるデリダ批判、など。「馬鹿呼ばわりのテロリズム」、「ジャーゴン主義」「虚偽」、など凄まじいが、「理性、真理、学問の諸価値への理解しがたい攻撃」と大学言説からみなされているためで、基本了解がなされていないのです。科学言説は、「なんだこれは、根拠はどこにある」と幾分悩むが受け入れはしないで、自分だけでなせる変換批判を「知の欺瞞」としてなす。などなど。ラカンのトポロジーや論理定式は出鱈目だと、数学者たちは言います。

つまり、知の転換、それは現実の転換ですが、そこに対しての一般の反応は、情動的に、変換によってもたらされるもの＝知を待つ「期待 attente」という欲望を、新たなものから襲いかかってくる抑圧への解除として、期待からの失望・喪失を回避すべく働かせているのです。大学知は、学校化された抑圧の制度的押し付けにおいて正統化をもって伝達され獲得される経験を多くがすでにへています。新たな知への出会いは抑圧であると先取りできる経験をすでにへている、その結果でえた「知識の所有」ですから。享楽する存在において従体に押し付けられた苦悩は、資格獲得の利益の欲望へ転じられて、様々な症状を表しているのですが、新たな知からもたらされるそれを症状を含め「知りたくない」、失望・喪失回避の「汝、何を望むか」の要求対応時間へと転じているのです。そこに禁欲が作動し、与えられたものを獲得＝消費することで欲求を満たしている、満たされる効果（資格からの利益や仮象権威）を手放したくないのだ。自らが顕になることよりも、知識を多く持つことで「待たれる期待」へ依存して利を得る再生産の補償を保つ。

変換性の期待は「裏切られる」のではないかと「不安」（シニフィアンがとらえ損ねたもの）に置かれるのですが、異なる知の秩序の保証＝対象が見えないためです。現実界は、いまここに不可能としてあるのに、しかも様々な症状を排出しているのに、可能の現実性の現実性としてしか見られていないため、新たな知／言説が切り開く現実は、未来における未踏なものと配置されて、内的な情動不安を抱えたまま、新しさの確実さの保証がどこにもないと知的に解されて拒否されます。フラストレーションは、これまでで十分、その上でいまここだけでいいと、耐えることからの効果です。変換の効果は、常に「しない」という方向へ向かうことを余儀なくされます。

大学言説は、すでに正解ありきの可能保証のみをシニフィエの実際において確認し、そこの枠内で派生する問題を明らかにし、枠外の実際的な問題は排除して、解決可能なことだけをなして、それを再シニフィエ化する仕方です。実際に起きていることそれ自体の根拠であるシニフィアンは、シニフィエの確実性を保証していない不確かなもの、存在しないものとされて、対象から排除されます。測定可能なものだけを取り上げ、測定不可能なものを切り捨てる。これはもう制度化権力作用していることです。その累積が、近代社会において膨大になされているゆえ、「現在」世界は豊かで快適になっているのに、年々おかしくなっていると感じられる根拠です。取り上げられてこなかった測定不可能な環境それ自体が、実際に存在しているのに放置されてきたゆえ出現しています。公害なるものは、その実例でしたが、今気候変動として真っ只中にある、議論はされる＝問題として生産はされる、しかし根源からの物事の転換はなされない。大学言説は科学言説と鏡像的関係に立って、真なる問題＝「シニフィアンの不在」に取り組んでいないのです。シニフィエなきシニフィアンは実定化されないゆえ、大学言説は取り上げないし、見出そうともしない。科学言説は、問題＝症状として構成されている限りでの、その切り取られた部分だけの問題を意味しているものを取り上げ(問題へシニフィエしているシニフィアンだけを対象にして)、それを解く新たなシニフィエを科学生産物として生み出すだけです。ともに新たなシニフィアンを見出していないのです。生産と真理が分断されているのです。

大学言説と科学言説とは、その言説間では非対称性ですが、制度アカデミズムへ転移された言説と科学主義へと転移された言説は、鏡像関係的に相同します。社会言説として円環構成されているためです。知的な営みが、社会言説の円環内に閉じている「現実的無意識」の状態です。不能を擬似的に取り払っています。

ラカンによる主人言説の「資本主義言説」への転移活用を踏まえて、四つの各言説の転移として応用して、私は「社会言説」の円環構成を明らかにしました。そしてさらに、政治資本論を踏まえて、四つの基本言説から社会言説への転移をなしているのが想幻化権力であることを見出しました。異なる次元への配置換えを意味連関としてなす権力作用です。意味連関の仕方に関わる（場所位置を換え、意味連関のベクトル方向を変える）、可能パワー作用、それが権力＝パワーです。権力 pouvoir/power とはさせないことではなく、可能にしてしまうことです。

大学言説は主人言説と分析言説との間に配置されています。主人言説は、大学言説を制度関係において「教師—学生」の主奴関係に転じられ、知の関係においては分析言説からの転移として配置されます。ゆえラカンは最初は大学言説を好意的に見ていたのですが、途中からは厳しい批判の眼へと変わっています。大学人たちのあまりの粗野さに呆れたからでしょう。

「私は何を望みうるのか？」を「私は何を知りうるのか？」に転じることで、Xへ向かう変換の知的資本はつまづきの不安を通過していく課題へと擬制してしまう。それに対して、「知識の欲望」の位置を「享楽の知」へと配置換えして、袋小路の彼岸への通道を見出し開くことがYへの変換の知的資本です。開くとは、閉じることで厳密性を仮象する専門主義大学知の権威への象徴的対抗です。商品経済も、秘密裏に閉じることで具体化されるという関係の仕方を多々します。利益を占有するからであり、開くと盗まれるという感覚がそこには動いている。試験はカンニングさせない実際行為を慣習化している、大学言説からの感覚です。知も独占され、科学発見も独占され、技術は秘匿される。そこに対して「開く」想幻化権力の変換作用を知の転換へ働かすことです。

学校化＝制度化は、自律様式を他律様式優位へと転じる制度化権力作用ですが、同時にその日常の営みが正当化され規範化される規範化権力作用を働かせています。これを、生徒・学生たちが受け入れて疑わないところまで常態化されるのは、力関係が意味連関へと転じられて、幻影が実際行為されるという想幻化権力作用が働いているからです。想幻化権力は、制度化権力と規範化権力を繋ぎ合わせるとき、象徴界と想像界と現実界の諸資本を意味連関の分節化において指示転移的に繋ぎ合わせています。権力関係作用が、利益となるように構成しているのです。その利益は、拒否する利益より大きいと勘定感知されています。大学言説は、近代知のエピステーメを地盤にして学問分類体系の学部・学科の権力分割によって、これらを装置配備して、社会の商品経済とは異質の大学教育経済を再生産装置にして社会分業市場化し、賃労働者生産＝排出として結びつけます。卒業者たちは知として大学言説しか所有していません。しかし、若者は大学などより大きいのです。浮ついた断片的な部分知識と安易な思考技術として。

4 知的資本の二律背反　転移への契機《モメント》

　現在において、知的資本は大きく基本的に、近代知の知的資本と述語制の新たな知的資本の「相反」として配置されうることを述べてきました。テーマ性の戦略的配置です。あらゆる分野において対立的な相反にあるのですが、その典型としての経済の知的資本、政治の知的資本、教育の知的資本（制度の知的資本）、そして文化の知的資本において概略をクリアにしておきましょう。原理がまったく異なるものとして二律背反的に作用します。これを両立不可能における相反共存はいかになされるかという「現実試練」の実際関係の対比において配置することが「変換」への指針となります。界において対立する次元と、両立不可能と相反共存とが対立するという次元が絡み合うのです。「変換の知的資本」は、それを排他的に一方だけに真理配置するのか、共存的に現実配置するのか、対立的に存在配置するのか、の戦略として機能します。つまり、「現実の試練」から、他の二つの試練の場に向かうことが余儀なくされるのです（222頁、図参照）。

知的資本とは、或る知の領有とその使用・活用のプラチックな（実際的な）仕方のパワーです。目的意識的なパーソン＝個人の人格的実践ではありません。その知とは、或る言説プラチックによって規則的な仕方で編制された総体、ある理論の構成に不可欠な諸要素の総体です。或る種別的な言説プラチックのうちで語られ、扱う対象について語り、諸概念を明証に出現・適用させ、言表に配列され、界に従属しているものです。

(1)経済の知的資本：商品経済・対・資本経済

商品経済と資本経済の対立は、サービスとホスピタリティとの対立としても機能しています。これは経済界の内部の対立かそれとも新たな別の経済界へ転じられることなのか？

商品経済は、同一の物を大量により良くより多く、more & better に生産する。X ec

資本経済は、至高のものを固有に生産する。ある個別に best な only one の生産を志向する。Y ec

その遂行にあたっての知的資本は、商品経済は効率化による最大化利潤の物理的増加の社会アクト actes ですが、資本経済は卓越化の文化資本アクション action による場所環境利益の最適化です。効率化と卓越化、最大化と最適化、物的利益と環境利益、そしてアクトとアクション、社会市場と場所市場、という対比的対立をなす経済知的資本の作用となります。それは、主客を分離するか主客非分離になすかの対比として、哲学／科学の技術が異なります。一元性と多元性との違いでもあります。商品経済はマネー中心支配ですが、資本経済は場所の環境・文化が中軸になります。数値目的の追求か、文化形成・環境構成のアクション自体かの違いです。商品は売り上げのマネーを求めますが、資本は経済利益を求めないのです。そのそれぞれの効果は、どうなっていくか？

商品経済は再生産サイクルが定まってくると、拡大再生産にせよ縮小再生産にせよ、規範遂行が求められ、売買は消費次元中心に追いやられ、生産側は物がない欠如市場へ商品を放り出していた状態から、商品飽和市場となったそこから注文のあるなしに依存して生産していくようになります。社会空間の社会言説に従属しているため、経済ではない作用を大きく受けます。つまり規則遂行であって、売り買いではなくなって、「売る」ことさえ忘却され、新たな企画提案がなされると、それで売れるのか＝儲かるのかの規則性での依存判断しかしなくなる*。さらに、規範を守るために規則を破っての規範遂行は、改竄や不祥事や破壊さえなすようになっていきます。環境公害はその典型でしたが、すると「地球にやさしく」が規範になって、環境マターさえ商品化され環境世界が商品均質空間へと還元され、さらには、注文があっても売れるのに損するからと生産もしなくなる。つまり、量産の社会市場はある閾値を超えて、重層的な逆生産へと入って

* 欲望追及が、欲望を取り除かれて、社会言説において去勢された、欲望のない欲望へと転倒していく。不可能を排除すること、考えないことが可能の保証だと錯誤されていく。

しまうのです。すると、売れるほど損するという事態になり、経済とはなんであるのかを見失う知的状態へ落下します。資本主義の言説が、主人言説から転移構成されているためです（次頁図）。マルクスの言う利潤率逓減の法則にはまっていく。その経済様態は経済資本論にて説きますが、ここでは知的資本としての資本主義言説を再確認しておきます。なぜ商品経済は逆生産へと行き詰まるのか？　それは商品経済を可能にしている資本を喪失しているからです。つまり、Xecには、Yecが内在していたのに、Xecの社会巨大化によってその存在が棄却されている、そこから、両者の対立が派生してきた、ということです。資本無くして商品生産は可能でなかったのに、商品資本へと構造化されて、初源的資本が喪失されていくのです。この資本喪失は、想像以上に企業において起きています。

主人言説は、問題が起きていること$\$$（真理の場所）を見ようとしません。奴隷が生産物をともかく生産していればいい。初期の資本主義と言えます。その過酷な労働環境は多々指摘されていました。だが資本主義言説は、構成されている問題を課題として配置して、それをシニフィエ経済の意味されたものへと転じて（左側の反転、ベクトルも反転）、人格関係を消し、そして経済課題として示された見せかけからシニフィエするもの、つまり利益を産むかどうかへ配置して、それに基づいて生産物を作り出し、そこで問題になったものを再びエージェント／見せかけの位置において課題化して、解決し再生産

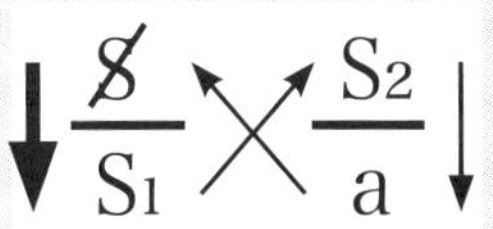

資本主義の言説

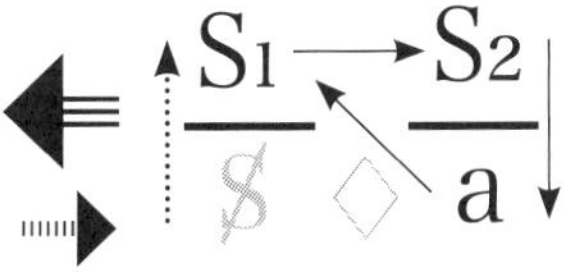

主人言説

循環できるようにするのです。この問題から出発することは、科学言説＝病者言説における「出発」であり、その循環です。つまり、「資本—労働」関係の問題を隠すのではなく、経済活動で何らかの克服をなしていくべきものとされ、そのまま関係設定は守って関係転換はせずに、それを知っていて、科学的にメカニズム遂行しているのです。従って、そのとき$\$$に何を認識して置くかで、その生産循環は規制されていくのですが、生産物を商品化する生産様式をなす規定枠において決められていることとしてです。$\$$の問題は、業種ごと企業ごとに違うのは当然ですが、商品経済の本質として、使用価値の交換価値への転移、奴隷としての労働者つまり労働の搾取（労働の三つの疎外）、そして剰余価値の生産において派生する諸課題です。業種・業態において課題＝問題配置の比重が異なります。でもこの商品経済の本質を了解している知的資本が理論的に領有されている企業人を私は見たことがありません。経験則に従って事象として出現している問題解決として取り組んでいるだけですから、問題・課題ははてしなく派生し、コンサルが儲かるという事態になっていています。知らないでなしえているのは、アクトとして制度規範規定された無意識へと言語使用《ランガージュ》されているからです。

労働搾取は給与問題＝賃上げとして実行対応されますが、労働保障として課題化されるのがほとんどです。使用価値と交換価値の関係は、使用価値から文化性が抜かれて消費的使用の有効性・効果のみに限定され、剰余価値は売り上げの最大化へと限界づけられます。剰余価値がどうして生み出されるかが何にも考えられていないため、コスト上の計算で見るだけで、どうしたらいいのかがわからなくなって、ただ資金繰りを繰り返したり、データ改竄して収益性をあげたり、横暴に売り上げ強要したり、人員削減など派生「問題」を生み出していく。つまり、問題は山積みに累積され解消はされないで、社会関係資本の仮象作りへと転化されていく。結果、破綻、倒産となる。知的資本の劣化が生み出している必然です。商品不備はサービス行動の拡大で補充されます。

資本経済Yecは、剰余価値生産のメカニズムを知っていること、ある閾を超えると逆生産が働くこと、使用価値は物質文化でありその歴史があること、交換価値の流通・分配は環境関係が絡んでいること、市場は生活環境であって経済市場ではないこと、さらに互酬性・贈与と交換の文化的転移がなされていること、価格が価値表象に情動的に関与していること、労働／労働者には文化資本形成が重要になること、仕事には知的資本と情緒資本のバランスが大切であること、などを知的資本Yとして心得ていることで、現実界の不可能において対象aを見つけ出して可能世界を創造していくことになります。つまり現実そのものに向かい合うことです。諸関係はホスピタリティ関係技術によって遂行されます。商品経済から資本経済への変換は、拙書『新しい資本主義と企業／暮らしのイノベーション』を。

商品生産の拡大、「社会経済」化によって、資本経済は対立的に配置されることになり、両立不可能な次元にまで至っています。すると、資本経済を機軸にした経済界を形成するその場所で、商品限定生産を多様になすことと優劣関係が反転される変換が要される。

「変換する知的資本」は場所経済においてホスピタリティ関係技術を働かすことで、想幻化パワー作用を方向転換できます。現場の変換は、村瀬永育『ホスピタリティ・マネジメント』知の新書、を参照。

(2)政治の知的資本：社会政治・対・場所政治

民主主義が問われていますが、トートロジー議論されているだけです。いろんな問題があるが、民主主義に変わるものはないのだから、そこに従って「真っ当な」民主主義がなされることだ、と大学人言説は何もそこを明らかにできない。真理試練の中で考えることしかできない。民主主義自体を無知のままにして、政治的不能化のままで可能を語る。政治を政治界の政治家がなすこと、その政治家を選挙で選ぶこと、選んだからにはもう、い、か、い、い、どうしようもないという政治観です。トランプは選ばれたんだ、一体何をするのか就任後

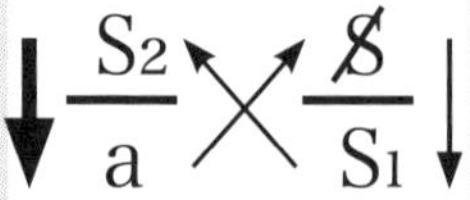

専制主義の言説

民主主義の言説の本性

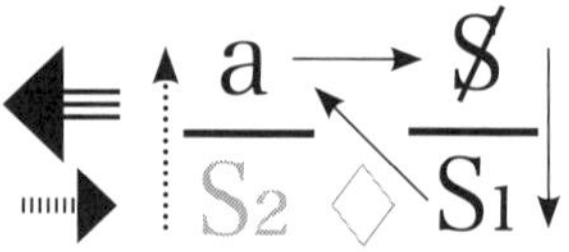

分析言説

を待とう、という対応になります。先手を打てない。そして、自由主義には民主主義があり、専制主義には民主主義がないと対立させて、自己正当化しているだけです。後追い政治で安定していると思っている。

自由主義・資本主義と専制主義・独裁主義とは鏡像的に表裏していて、円環していることは「社会言説」上でのこととして示しました（前節。また政治資本論⓬）。さらに、可能条件を開く分析言説が社会言説の円環に不可避に配置されると、専制主義の言説へと転じられてしまう注意を強調しました。つまり、根源は「社会」言説にあるのです。その言説上で、言説理解なく、「社会政治」が議論されているだけです。民主主義とは本質的に多数決専制でしかないのです。強行採決のように、少数意見尊重はただの建前になり下がっています。

政治的実際行為は或る理論の分節化の場所に言説行為によって規則的に形成され配置されるのであって、個人的・集合的な意識の審級――行動、闘い、相剋、決定、戦術などにあるのではない。客観的所与や現実的実践を反映する表現にはないのです。政治的自律性の自分技術においてその選択する言説において実際政治はなされています。つまり、民主主義は民主主義を支えている社会言説の土俵において専制主義をはらんでいるものであり、社会言説から場所言説へと土俵地盤が転じられない限り、その枠から脱することができません。その「社会」民主主義の矛盾・限界の表象になっている規定、機能、依存の網の上での実際行為の政治作用、権力関係作用のこと。政治統治として意味されたものS_2が規定されて、そこに見合う真理対象を定め、発生する諸問題$を、専制抑圧の意味する働きへと生み出すのです（右頁上図）。他者の政治か自分の政治かの違いです。

旧態Xpの政治認識は、権力者が権力所有して支配していると説く。擬制的とも言える選挙で選ばれたか、クーデターで権力奪取したか。国民は受動的に従属するだけです。「社会政治の知的資本」が正統化に使われます。

知的資本Ypでは、Xp世界が制度化権力関係／規範権力関係の権力関係作用にあることを批判解析し、それを常態化させている想幻化権力の関係作用を転じる政治技術を自律の自分技術で働かすことです。場所における市民・住民が自分の生活環境において政治直接参画し、「場所政治の知的資本」が統治技術されることです。論争によって共通善が見出されて決定がなされていきます。少数意見が決定されることもありうるのです。

「変換の知的資本」は、諸個人が政治的自律性を自分技術として作用させていくことです（『政治資本論』⑫を）。場所の資本を統治アートすることからなされます。

⑶教育の知的資本：他律教育・対・自律の学ぶ行為

教育が学校化されて、学校で教えられたことのみに価値があるとなっています。そこで教師がいかに教えるかを磨き上げ、生徒はいかに成績を上げるかに専心します。教科は、定められた知識を習得し記憶し試験で良い点数をとることに統括されています。そして、学校での規律に従順である「良き躾」を訓練される。能力ははしご段階的にだんだんと難しい高度なものへと上がっていくことで形成されるとなっています。教授法が、学校化された知的資本では大きな比重をしめ、子どもの知的資本は従順な消費シャドウ・ワークへの従属によって形成されるもので、日本では偏差値能力の形成です。賃労働で社会生存し、社会代行者として生活する知的・情動的資本が形成されることです。

これに対して、新たな教育は、教えないこと、学ぶこと＝考えることを軸にして、教科も試験もない。子どもの関心に応じて、自在に学びたいことを学んでいく行為そのものです。感受性、情動、情緒を解き放ち、考える力を領有していくことです。教師はそれを補助する。（私は大学教師になる前、指導教官から塾経営を食い扶持に提供され、学年識別などなくし子供が学ぶことを地盤にした自由塾を実行。NHKでも取り上げられたが、子供達は元気活発になった。*）

近頃、こども博士なるものがテレビでよく取り上げられ、大人顔負けの博識が賛美されていますが、自分が関心あることを自分で徹底するのは良きことことしても、なして

* 山本哲士『学ぶ様式』にて紹介している。

いるのは既知のシニフィエされた知識の集積でしかない。情動は解き放たれていますが、知において「学び考える」ということは何らなされていません。

変換は、他律優位を自律優位へと転じること、教える内容から学ぶ行為へと転じることにあります。自己学習ではない、自律的学びを、教える立場の者がサポート・ガイドしていくことです。これを「ホスピタリティ教育」と、私は命名します。学ぶ者の要請に応えていく教育の仕方です。基本的に伝達されるべき知はあるのです。教育をなくすことに意味はない、教育自体が両義性にあるからで、学びの立場にたった教育することがサポート、ガイドとなって、学ぶことを活性化していくことです。

Xe：教育サービス、その他律的教授の磨き上げ、教科の固定。学習は他律依存からの報酬として、成績の向上、資格獲得。与えられたものの消費行動、選択自由なし。*

Ye：学ぶ自律行為、自由自発的な創造行為。そのホスピタリティ教育。選択の自由。

例えば、高等教育において、私ならフーコーとラカンは強制的に理解領有することを課します。それが学ぶ者として理解しえないことからは、何事も知的資本として機能しないと考えるからです。それが、嫌いな人、肌に合わない人は、別の教師を選択していけばいい。知的資本をどこにおいて形成するかの選択自由があること。これは、大学においてなされているようで、実はありえない。学ぶことは二の次で、どれが学歴利益に

*〈他律依存〉は、教育者からの期待を満足する何ものかを与えることが依存従体に要求されること、つまりある欲求を別の他者の満足のためにのみ満足させるという肛門段階の特徴。学校化は、口唇期段階を肛門期段階へ転じる「欲求の規律化」、母への贈与。万人の賛美をえるにふさわしいものを外へだし、出現させる。そこに献身の神話が構成される。

なるかの選択しかなされていません。しかも規制枠は制度化されたままの権力関係従属でしかない。大学から、単位制度がなくならない限り、学ぶ選択の自由はない。

＊医療の知的資本

Xm：医者・病院は病気を治す、という医療化の知的資本。医療発生病が多発する。

Ym：それに対して、医者・病院は病気を治すことはできない、と非医療化の知的資本。自分の癒す自律力。医者はその個的な治癒力をサポート。

Xmは、病気は症状として一般へ体系立てられている知的資本となり、個人事情を考慮せずに症状へと従属させる。

Ymでは、病はその個人にとって一つの病を生涯にわたって多様な形でなしていく（ダゴニェ）、と考える知的資本。病との付き合い方。

高度な医療手術を否定するものではありませんが、それをもって医療化を権威づけ独占することへの批判です。それはほんの少数においておきることであり、ある限度で必要なことです。ところが、それだけでは医療経営がなりたたないと、何もかも疾病にし、鎮痛し「死にたいする死」の延命として、余計なことをし始めるのが医療化・病院化です。

Xmはさらに、病気を一掃するとして衛生環境に対する予防体制を構成し、感染対策では感染していない者たちを予備病者としてワクチンを打つ。WHOはウイルス探しで自己保存し、世界を「恐怖」へと煽動している医療官僚たちです。病いへの文化理解が欠落して社会防衛している。医療化は国家統治として、至上命題的なマターとなってきました。

(4)文化の知的資本：主語制・対・述語制

あえて現在の社会的なものにおいて主要な、経済、政治、教育／医療について、知的資本の対比として簡略示しましたが、「Xec─Xp─Xe─Xm」は、連動して、制度化生産様式を社会形成して制度化権力機能しているだけでなく規範化権力をそこに巻き込んでいます。さらにXとYとは、構成要素を相互変容しあいながら「変換の知的資本」の作用が実際的な局面で対抗的になされる水準へともはやきています。肝心なことは、それがいかなる文化資本において規制的かつ領有的になされていくかです。

文化は、非常に荒っぽく大文字の「ナショナル文化」として括られがちです。日本の文化は、和食だ、寿司だ、和服だとか、サムライ、芸者、腹切りだとか、ある現象をそのまま一般化します。これは、異文化に対しても同様の理解をなすことになり、真の文化理解を削いでいます。社会言説を働かしているナショナル文化の捉え方です。

それに対して、場所のバナキュラー文化の多様さに立脚することです。かつて「土着の文化」論として論議されたものですが、その閉塞性に対して、場所の開かれた述語的環境として概念化していくことです。場所には固有の「クニブリ文化」があり、それは稲作を一元化した「オホミタカラ」の文化・儀礼とは次元が異なるものです。坪井洋文民俗学が柳田一国民俗学への批判として提示した文化論です。これが批判肯定規準に据えられていくべき捉え方ですが、一方のみを排他的に選択することでなく、「国つ神」が再発掘され、天つ神と相反共存することです。天つ神は天皇ではありません。*

民族論は場所論（民俗学が開いている）へと転移されること。ナショナル史は郷土史ならざる「場所史」へと転じられることです。

フォーク、カバン、洋服の文化技術と箸、風呂敷、着物の文化技術は、文化資本の原理がまったく異なることは指摘してきました（62-3頁参照）。分離技術と非分離技術として原理的には両立不可能、しかしこれは実際生活の中で共存しているのです。

原理上の両立不可能な対立と実際生活や実際行為においてのそれの相反共存は、明証に識別対象化していかねばならないことです。変換の知的資本は、両者を知って、その選択、排除、両立などを戦略的に決定していく知的資本です。ここで示した二律背反とは、X資本のみが占有して、Y資本が排斥されている状況への批判としてです。

X文化資本は、主語制言語様式／文化に配置される、主客分離の技術世界です。

* 山本哲士『古事記と国つ神論』知の新書104

Y文化資本は、述語制言語様式／文化に配置される、主客非分離の技術世界です。制度の制度化権力が、社会権力の行使を日常生活において機能させている。そこに、知的資本Xが大学言説を後ろ盾にして占有的に働かされています。それが、心身へと固着して自然化されているのは、共世界と個世界を合致させる想幻化権力が働いて「社会」が実定化されているからです。「変換の知的資本」は、この想幻化を、「社会言説」から「場所言説」へとベクトル転換、移行転移させることです。制度化や規範化の次元によって転移はなされません。それらは社会言説を進めていくパワー関係でしかないのです。

変換の知的資本が抱えている戦略を明らかにしておきましょう。

知的資本の転移へ：〈変換の知的資本〉が抱えているもの

二律背反的な対比として概略を荒ぽく知的資本識別しました。変換の知的資本を作動させるための「知の変換」の媒介技術です。相対立するものを正反合の判断（定立）において総合へと弁証法的に解消することではありません*。ここではヘーゲル的知的資本は機能しない。野蛮から文明へと歴史は進化するというヘーゲル的歴史観も意味をなさない。「野生の思考」の方が多分に優れていることがありうるのです。

二律背反のままではしかし、「変換の知的資本」にはならないで、ただ技術的に、例え

* ヘーゲルが、二律背反を絶対知のなかで克服しようと望んだ奇妙な(滑稽きわまる)「消えよ」passez-muscade impayable ではない。(AE, p421)

ば戦争した場合のメリットはしかじか、戦争しない場合のメリットはしかじか、と対抗的に項目が列挙され、前者の項目が多ければ戦争実行、少なければ回避と技術処理されるアメリカ的な知的資本の作動になるだけです。ベトナム戦争で、ボディ・カウントとして1対10で相手を殺せば戦争に勝つという、マクナマラの愚の骨頂の戦略として遂行されました。各部隊は、その数を増すことを競い合う。これは同じ対象として、同じテーマでの背反が設定されているだけの仕分けでしかない。

対比的設定、つまりは比較ですが、テーマが別ごとになっていること、従って概念も方法も異なることです。その相同性と異質性とが検証されねばならない。構造論的な関係項への対比還元ではすまないことです。

転移・変換のために言説上、四つのことがなされえます。フーコーが饒舌的に考古学的記述として執拗に論述していることですが、思想史ないし言説を転移させるにはそうしていく他ないからでしょう。そこで語られていること、語ろうとしていることに、実は「変換の知的資本」を語っている穴がある。フーコーが思想史の「〜ではない」、それに対して考古学は「〜である」としている記述の間にある穴です。簡潔に要点だけ、知的資本の問題構成へ引き寄せて示しておきます。フーコー自体に関しては自らで当たられたし。

①比較と矛盾

一つの理論の内的構造を分析する認識論的・建築的記述をなすのではなく、すでに見てきたように、経済、政治、教育、医療など異なる種別的言説形成を比較すること。制度的領野、出来事、実際行為、政治的諸決定、経済的過程、を比較し、間言説的共姿configuration interdiscursiveを見ていく。言説間の統一性ではなく、多様性。異なる種別的言説の、同形、モデル、同位、ずれ、共関係を見つけ、さらに非言説的行為《プラチック》（とフーコーは言うが、制度も政治も経済も言説的行為《プラチック》である）との関与を探ること。

社会言説の世界における諸矛盾を、ある整合性のある理念型に基づいて矛盾解消すべく統一化したり、取り除いたり、解決したりして、再び矛盾問題として結果を原因探究へと出現させることではない。知的資本Xと知的資本Yとの両立不可能性の原理と、共存を規制する法則と実際世界を見出しながら、衝突の空間を繊細に記述していくことです。言説間の対立へと送り返される外部矛盾のタイプ、対象の不一致、言表様態の相違、概念の両立不可能性、選択の排除のレベルを内部矛盾において見出し、機能的契機から、言説領野の再組織化をもたらす対立、言説行為の存在と受容可能性、実質的な不可能性を顕にする対立を見出すこと。つまり、「変換の知的資本」の場所を配置していくことを意味します。

例えば、すでに見たように、商品の機能、レベル、タイプは知的資本Xと知的資本Yとでは異なるのです。前者では商品は中心的かつ支配的な交換関係を物象化にまで拡大し諸規則や諸規範を社会機能させ、制度世界や環境世界までをも商品関係へと転じています。そこでは資本が見えなくさせられるまで拡大する。しかし、後者では、商品は〈もの〉として資本の作用から生み出され、むしろ物質文化の機能において個別的に使用価値配置されることです。商品の魅力が個々人の資本として活用されることです。

②変化と変容、さらに変換

時間的連続の過程において不動のもののある不変的な規則性なるもの、――つまり述語制を探り当て、非連続の非時間性の中で、置換の発生と消失、別の形成に置き換えられる断層を見つける。諸言表のある集合的形成の諸規則をさだめ、言説の浸透性の度合いと形態を分析する。外在的な出来事と言説との相互関係、限界・形態・コード、可能性の法則から連動のレベルを既存のものから切り離す。線的な継起でも固定した共時的なものでもなく、時間を飛び越えて派生のベクトルの数々を見定める。述語制が分離不可能な連鎖として働いているその系列を明るみに出す。作家の意識の介入や従体の関与を入れ込むことではない、言説の実際行為《プラチック》を見ていくことです。

連続性、通過、先取り、起源を探る習慣を捨て、差異、断絶、切断、隔差、非連続の再分配を探る。差異をなくすのではなく、差異の体系を形成する。等質的な出来事ではない、諸言表の平面、諸対象、言表行為の諸タイプ、諸概念、戦略的諸選択、そうした諸変化の平面、新たな諸規則が派生する面、別の言説形成への服属的置換。これらは、創造、意識化、進化ではない、形成体系 système de formation の変容 transformation です。述語制が明治期に主語制に変容されていく切断に、諸要素／諸関係／諸規則／実定性の変容が見られ、そこから述語制が逆射されます。変化 changement を構成するものにおいて「変容システム」を「変換 transfert」として設立することです。

変容は形を変えることですが（青虫が蝶へ）、変換は移動することです。

この時、私はフーコーのように連続的なものと分散とを折衷的に諸非連続性の分散の記述に収めるのではなく、「相反共存」という対立と調整との述語的包摂へと地盤転移させます。先に見たように、実際世界／実際行為では両者は共存しています。ですから実定性の出現と消滅は、派生において想幻化の権力作用を働かすのです。つまり、歴史を見直すことと知的資本を変換することとは別ごとです。ラカン言説を導入する根拠です。

③起源と因果性を捨てる

知の形成において独創的な作者がいるのでも、そこから順次に継起的に発展されていくのでもない。次節で示している「てには」系列の界において、宣長と春庭との同系があるのではないし、むしろ成章と春庭との異質なものの関係の方に通底するものがある。等質的空間があるのではないし、因果的な関係から派生していくのでもない。時代時間的に年表化しても、あくまで参考であり、時間順に系列化していくものではない。先行性や独創性の決定秩序はない。起源を探ることに意味はない。ある規則性が、言表群として出現している、そして同じ言表でも機能の仕方が違う。言表的差異の系譜的関連を、論理的差異と言語学的差異との間で、見出していくことです。

起源を探れば原因がわかるという時間継続の発想は、大学言説の特質とも言えますが、転移や派生で起きていくことを従属させ、異なるものを剥ぎ落とすだけです。原因、起源を同じ真理試練の枠内で外部へ探し求め、純化すれば論理を掴めたと誤認していきます。結果、本末転倒になる。物事を可能だけで見ていこうとする、安直な仕方です。

それに対して、変換の知的資本は、遡及的関係をつかんでいきます。

④客観的科学知からの離床

言説は、科学とはなっていないものです。実定化されていますがディシプリンともなりえていない。非科学であることに科学以上に解明するものが作用できる。科学といえ科学者は自分の知的資本を使っているにすぎない。客観知の厳密化などありえない。科学は科学の言説があるにすぎないのです。知的資本は、もっと自在に活用されていくことであって、教義や定義に縛られることで厳密化されることにはなりません。言説／知の知的資本は客観性の不確定さを暴き出すことができます。

私たちが提唱しているのは、「場所における自分」と「自分における場所」を、述語的に定めていくことです。自分は「自分の自分への自分技術」において表現されていく。知的資本Xの言説に替わって、知的資本Yの言説を言説行為していくことです。そこで衝突する様々な問題を自分なりに解き明かしていくことになります。

概念コードの転移：主語制から述語制への転換

知的資本の転換の提唱は、すでにビジネス論においてなされていました。物質的な産業経済の時代は終わり、知識のブレインパワーが機能していく知識資本主義の時代の到来という、現象的な指摘からの提起です。ドラッカーの経営論の系譜上に出現しています。一九八〇年代にもう提起されていましたが、本格的な論議は二〇一〇年代と言えます。それは、肉体労働や機械ワーク、財務資本などの物質から、知識とインテリジェンスへの比重の移行として表面的に指摘されているものでしかない。つまり、言説転移、概念転移、原理の転移が何も考えられていません、ただのビジネス書としての現象の指摘です。それでは何も移行しない。社会言説のままでの誤魔化しイノベーションに止まるだけです。綺麗事と並行して矛盾が問題として噴出するし、その解決が可能とされて既存の大学言説のままに対応されていく。ソリューションは不可能の隠蔽ないし棄却でしかない。現実界の不可能さという大転換の情況において、それは知識産業、サービス産業の拡大に立脚している今までと同じ仕方での情報の商品化、環境の商品経済化が、同じ物質文化のままになされるだけです。変化・変容・イノベーションへの変換そのものが必要なのです。

それが、レヴィーストロース、マーシャル・サーリンズが示した「概念スキーム」「概念コード」の転換です。実際行為と実践を転じていくものです。これは、言語コードと行為概念を同時に転じていく方法技術です。つまり、言語転換と行為転換です。ですが大学言説が執拗に、「観念」と「実践」に妄執しているものによって、構造論の翻訳総体において、それはそれ以前のサルトルにおいて、いや遡りカントにおいても、邦訳として完全な誤認体系のままで見えていない次元にあります。つまり、その転移を論じた言説であるのに、既存の実践概念空間（観念空間）のままに邦訳されています。存在試練を恣意的だと排除した真理試練の保持における翻訳というトランスの仕方において、概

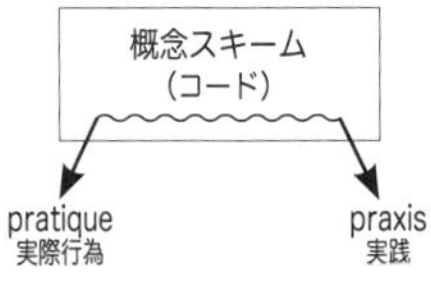

サーリンズ『人類学と文化記号論』法政大学出版局、より。訳語は訳書で混同されていますので変えています。

念トランスがなされていないのです。大学言説が前提としているシニフィエの転移が起きてしまうため、自分たちの正当性の基盤が揺さぶられてしまうことへの防御です。完全な無意識構造になっています。action と actes（アクト）の区別さえできていない。

つまり、知的資本Xの実際行為は制度アクトとして行使されているのですが、知的資本Yの実際行為はアクションとしてなされます。前者は制度目的遂行の実践《プラクシス》と実際行為《プラチック》をなすものでしかない。そこに即さなものは、実際行為されているのに、制度機関内では剥ぎ落とされ、合理化の名の下での効率化へと集中される。非組織の社会生活においてさえ「社会人＝社会人間」としてのソーシャル・エージェントのアクトが規律化とともに求められ、個人の自由は極めて限られたプライバシーの中へ閉じ込められます。経済アクションが商品経済アクトとなっているのです。それが「賃労働」へ凝集される。

Yでは、資本アクションとして象徴界・想像界・現実界での言説行為になります。規定性が全く違う。前者Xで無駄なものとして排除された文化は、文化資本として活用されます。ですが成功している企業経済は文化資本を活用していたのです、そこへの自覚／概念がないだけです。生活さえ場所から離脱させ、社会空間へ配置された消費生活しか見ていない前者に対して、場所生存の環境から物事をなしていくことです。政治においては、目的意識的な投企的実践が前者では強制され、政治は日常から切り離されてなされます。しかし後者は、自分の自分に対する政治アクションが自分技術において政治プラチックされるゆえ、つねに政治を知的・情動的な資本として行為していることです。学校では教育アクトがなされますが、後者では学ぶアクションです。医療では病院化された治療アクトですが、後者は「癒す」プラチックです。

概念図式は、真偽などをめぐる机上論議ではなく、いかなる行為をなしていくか、いかなる活用を知や文化に対してなしていくかの規定性にあるものです。クワインやデイヴィッドソン*による真偽の真理論に意味を見出していない私です。概念図式はパラダイムでもない。別に科学革命などが起きる必要もない。同じパラダイムの使い方が、XとYとで異なるだけのことで、理解の共有の可能か不可能かの問題ではない。ましてや主体決断・認識・信念の問題などではありません。

すべての物事における基盤は言語です。言語転換は、近代においては主語制言語への転換がなされました。それが客観への総合を可能にするものとして開かれたことです。知的資本Xはそれによって形成され活用されています。だからと言って、その基盤であった述語制言語様式がなくなったわけではない。

物事を転じていく上での言語転換は、主語制言語様式を述語制言語様式へと転移することです。ここに「変換の知的資本」の軸があります。フーコー的に言うと、「意識

* デイヴィッドソンは、図式という観念自体を否定し、「図式と実在の二元論というドグマ」を拒絶する。文や理論には真はない、事実、世界、経験、証拠への指示がそこに存在しえないからだと、実際行為界が抽象化されているゆえかかる言述がなされうる。真とみなされている文の集合を概念図式だとしたクワインに対して、ハッキングは虚偽となりうるものもその集合の中に入れ、「スタイルの違い」として一般化する。(『知の歴史学』)

conscience —認識 connaissance —学問 science」の軸に代わって「言説プラチック—知—学問」の軸への変換です。しかし、これは知的資本の変換なくしてはありえません。意識から言説プラチックへの変換、認識から知への変換は、言語変換なくしてなされません。

この変換の知的資本は、両者の言語構造と言語使用の構文的プラチックが異なることを理解することです。これは、理解のレベルでなしえます。明証な違いだからです。金谷武洋はカナダでの日本語教育の実践から、クリスマスツリー型の主語制言語と盆栽型の述語性言語の違いとして示しました。フーコー的変容は、同じクリスマス・ツリー型で提示されているものでしかない、それは変換にはなりえない。意識から言説プラッチックへ移行することは*、言説プラチック自体における変換を要するし、それは主語制言説から述語制言説への変換を意味します。ここがフーコーの穴です。前者を、「主体性・主観性のインデックスから解放され得ていない」（AS, p.239）と言っているのに、述語制概念空間がないため、「考古学の知」としか言いようがなくなっている。「知とは、言説によって供される使用と領有の可能性によって定義される」（p.238）と述べているのに、言説の差異を見出していますが、言語《ランガージュ》違いにおける言語転換がフーコーにはまだ見えていないのです。

主語がない日本語としての本質的な指摘は三上章によってすでになされていたことですが、それを的確に継承した金谷にも概念空間がないことで、私は「述語制」を金谷言

*「意識」はコンシアンス conscience の一部でしかない。コンシアンス自体の言説変換が歴史的にあるのです。「意識」なる訳語＝概念自体が哲学言説・日常語においてすでにぶれています。フーコーを受けて、アンドリューがそこを追究しています。彼から、コンシアンスは日本語で何だ、と問われましたがいまだ見つけられていない。

語論から学び抽出したゆえ当人へ提示し、その概念空間を氏は領有されました*。浅利誠が助詞から日本語を述語的に徹底考察していた**、氏との議論から「助詞」「助動詞」を「述辞」として概念化することを抽出しました。そこに、藤井貞和からの文法詩学が体系的に提示されてきた***。三氏の卓越した考証から、私は「述語制言語様式」の体系を明らかにすべき作業を進めています****。概念空間の転移の地盤はここにあるからです。言語学、哲学が考ええていない根源的な穴です。日本語にその素材が本質的にある。「てには」言述の言説史がそれであり、富士谷成章の「あゆひ」言説に描き出され、それが本居宣長の「紐」の言説との間に「穴」を穿っている。御杖と春庭の裂け目として現出していきますが、鈴木朖と東条義門とによってすべっていってしまう。この辷りを、山田孝雄は引き受けたのですが、時枝と橋本の東大言説によって出鱈目文法へと退行させられてしまった。しかし、松下大三郎と佐久間鼎と三上章によって継承されています。海外では言語史において感知されているのですが、言語理論化されていません。バンヴェニストが気づいていると言えます。ラカン言説は、概念が明示されていなくとも「無意識はランガージュである」ことから、そこへとっくんでいる言説なのです。

変換の知的資本は、Xの「知と言説プラチック」およびYの「知と言説プラチック」とを、ともに「知って」おかねばなりません。このとき、知る不可能の現実界が大きな

* 金谷武洋『述語制言語の日本語と日本文化』EHESC出版局。
** 浅利誠『日本思想と日本語』知の新書J06。
*** 藤井貞和『文法の詩学』花鳥社、『日本文法体系』ちくま新書。
**** 山本哲士『述語制の日本語と日本思想』EHESC出版局。

穴をもって待ち受けていますが、ひるんではならない。そして、自らの言説プラチック、つまり言説の実際作用、実際行為のなされ方を知っていること。ここを厳格にしえないと、既存のパワー関係へと横辷りしてしまう。つまり、近代知の大学言説プラチックへと回収されてしまう。変換の知的資本は、大学言説との象徴的闘争を恒常的に要されます。それは主体性のインデックスより遥かに一般化して交通している「シニフィエ支配」の体制です。認識の次元にはない、想幻次元でのパワー関係作用です。変換の知的資本を働かさないようにしている意味と力の諸関係の総体です。これが、政治的に対立して闘う相手です、愚鈍にして強靭です。愚鈍ゆえ、ラカンはおろかフーコーもブルデューも理解できていない、ましてボルタンスキーやアンドリューなどを、専門外だとして知らない、そういう社交集団に占有されている大学言説です。

学生時代に批判した大学教師たちの専門性より遥かに細分高度化された専門主義に大学はなっており、その分、外部性へまったく無知の状態が拡大されている大学言説のシニフィエ占有世界です。その同じ大学言説内から、批判や非難がなされているだけです。現実離れし、社会界でいや大学界で機能しているだけですが、社会界さえそこに占拠されているのも、大学言説知性しか所有していない大卒知性の波及からです。しかし、実際現実はもうその知性では了解不可能になっています。Ｙは実際世界を観ているだけなのに、それを排除している。現場的現実を知る人たちは、新たな動きをすでにはじめています。そこへの知的資本の提供ですが、すでに世界では領有されていることです。『新しい資本主義と企業／暮らしのイノベーション　資本経済と市場／知の転換』（知の新書　B12）として詳述してあります。

「知の転換」「概念の転換・転移」です。それが「変換の知的資本」です。

この現実試練の場所には、想幻化権力が作用していますから、変換を元の知的資本Xへと戻す作用が同時に機能しています。これは、想像以上に強固であるという経験を私は体験しています。ゆえ、その想幻化権力を見出したのですが、現実・現場それ自体を観るというシンプルなことが、何よりもの基本です。知識で観ることではありません。そのとき、知的資本Yの概念世界が有効に使われる、というだけの単純なことです。「述語制」「非分離」が難しいなどと言っている「防御」による拒否が、事態を複雑にしているだけです。村瀬永育『ホスピタリティ・マネジメント』（知の新書B13）を見れば、ラカン言説がいかに有効で明快に使われうるかがわかります。現場でのマネジメントが言説の行使になっていることが、村瀬によってはっきり示されました。

知的資本Xと知的資本Yとの断絶の間＝穴に「変換の知的資本」Zが次元を異にしてありうるのです。

5 変換の知的資本へ　想幻化権力《パワー》の作用

変換の知的資本は、以上の「ややこしい」知の働きを踏まえて作用させねばならないのですが、折に触れどういうものかを示してはきました。概念構成の難しさから、ここではなるべく説明言述として示していくようにします。

幻想と実際行為とを結びつけているものがある。それを私は「想幻」化と概念化しました。幻想作用だけではないからです。信仰儀礼ではありません、日常の実際行為ですが、心的、幻影、感覚、エモーションなどと絡んでいる実際行為をなしている関係作用です。知的判断には知的領界をはみ出す、情動的知性が幻影《ファンタジー》・幻想をともなって働いています。

国家の中の自分、自分の中の国家、という国家資本を内在化している自分となっている状態がその実際効果です。私は日本人だ、中国人でもフランス人でもない、と自然化さえされて、日常で日本語を話しており、中国語やフランス語を話しているわけではない。

それは制度の中の自分、自分の中の制度であり、規則の下での自分、自分で従う規則でもあります。規範が個人へ内在化されている状態で規範への自覚はない。しかしボルタンスキーが主張するように、その行為者には批判能力が備わっている。個人は、ただ受動的・従属的ではないし、利害関係や力関係に規制されているだけではないのです*。

つまり、異なるものを結びつけてその異質さを溶解させて同化している対抗作用があります。これを「想幻化権力」と概念化します。それはまた、結びついたものを非連続にさせて、また切り離して、別の組み立てへと再同定する権力作用ともなりうるのです。

異なる界を連続させたり不連続にさせたり、対抗させたり同化させている繋がりの権力作用が、行為者 acteurs のコンシアンス conscience（意識ではない！）と行動 agir の存在に規制化しているのです。知的資本がこの想幻化権力作用を働かせています。転換させない力作用となるものと転換させる力作用となるものは、転換させない意味連関をなしていることと転換する意味連関をなしていることと結びついて、物事や行為者に働いているのです。変換の知的資本において、この相反的な作用が相互移動しています。

想幻化：幻想論を脱する

ファンタジーと実際行為との関係に作用して、異なる水準や次元を結びつけている作用です。学校で学習していれば（＝実際行為）、能力が身に付く（＝ファンタジー）。医者に

* 制度統制を自らの力の基盤としている人々は、何を信じねばならないかを問題にしていますが、むしろ多くは「為すことが可能である」こと、「行動することの」権力＝可能を「知ること」＝知に関心をもち、権力の押し付けの諸限界を評定し、歴史的諸条件の現実主義的土台に反応し、世界存在が供する側面的可能状態を探索しながら、法外な対価を払わずに、一定の行動が供される諸機会の評定行為に関係しているものを存在の内部に探究している（ボルタンスキー）。これが想幻化権力作用において変換／不変換へ分岐していくのです。

診断して看て貰えば（＝実際行為）、病気は治る（＝ファンタジー）。社会エイジェントとして実際行為していれば、社会生活で生存できる（＝ファンタジー）。こうしたファンタジーは、幻想ではない、虚構ではない、実際に効果としてその利益を享受できるよう社会構成されています。実際の結果がそうならずとも、そうなっていると思われ実際になされていることです。それは、学ぶ力、癒す力、生存する力、自分自身に対して、別ごとでありながら思いこまれているゆえ、幻影＝ファンタジーと言っています。対象との間でそうではないものどうしが結びついている。これが実際具体として出現しますので、想幻化が出来事的に事幻化されていると概念化できます。実際の出来事として事実化されているからです。そうではないものがそうであるとなっているのです。つまり、存在と存在への名づけとが違うことなのに一致されています。結果、自分自身でないことが自己である、となっています。自分が対象となってしまって（開かれて）、自分がバレされているのです[8]。疎外と外化とは、同じではないのに、同じになっているのが事幻化です。

　これは物象化でも承認でもありません。商品関係が機能し、意識が機能しているように見えますが、従体自身が選ぶ飢えの口唇期的対象で、さらに規則化と制度化において贈与が肛門的に構成されています*。その結果、認証＝確証がなされます。想幻化権力作用の効果です。ゆえ、転倒だ、と批判されようが、溶けないのです。学校化や病院化、

* 清潔さや躾の良さ、礼儀作法などの規律の源泉です。自分の廃棄物、排泄物が、外部の要求に答えているのです。身体なき制度が、身体的であるかのように機能します。身体と幻想とを分離させる作用と、その分離を疎外的に一体化させる制度作用が重層化されている。これが想幻化権力の働きです。

その社会化、制度化において、諸手続き、諸プログラム、諸コード、諸規則、諸儀礼作用、などが網のように張り巡らされている。そこに不確実性や諸問題、諸矛盾、が多様に出現していることも批判社会学から無数に指摘されている通りですが、しかし、批判分析されようが、そのままの状態が存続し、従体は空《くう》になった対象に指示されます。

指摘したいことは想幻化は溶けない作用だということです*。社会言説と大学言説とによって真理化されているためです。幻影と実際行為とは、まったく異なることなのに、結合されています、それが想幻化の作用です。この様態が不問のままですと、変換の作用が見つかりません。

近代実定への想幻化権力：変換への転移地盤

想幻化がなされている関係作用を想幻化権力と括ります。可能にさせているパワー関係の作用です。次元が異なる界を繋げる作用です。これまで論じてきたことです。

①自律行為が他律行為の結果であると編制している関係作用。そこには、制度の専門家たちが働いている。資格ある専門家たちが資格を供与することで、現実利益となっている。

②四つの基本言説を、それぞれ人格を消して、欲望をとりあげて、真理の場所を確定することから、社会言説へと循環構成している、言説転移する想幻化権力作用。

③基本言説の四要素を帰属、分節化、転移、派生へと同化させる想幻化権力作用。こ

* 労働が疎外され搾取されている、教育が学校化され自律性が麻痺している、などと指摘されようが、人々は賃労働者に就職し、学校へ通い続けます。しかし、制度の側がその目的理念に完全に一致することもありえない不確実性にある。こうしたことが、どうして存続していくのか、幻想が制度化され規範化されているだけからは、解明できていない。そこに想幻化の穴がある。

れによって、エピステーメの地盤換えが可能になる。
④象徴界／想像界／現実界を社会言説の真理／権力／従体の関係に重ねる想幻化権力作用。これによって、心的構造が社会構造へと同化されえていく。

基本本質的に、この四つの界の編制によって、様々な水準での連続／非連続の転移配置がなされえています。結果、近代への変換です。歴史的になされてきたことです。

❶主客非分離を分離へと転移する。客観への総合・物質科学が可能となった。
❷場所環境を社会統治へと転移する。社会設計が可能となった。
❸非自己感覚を自己意識・自我へと転移する。個人の主観世界が可能になった。
❹述語制言語を主語制言語へ転移する。主体化と国家資本化*が可能になった。

これらは、原理の転換であり、制度化であり、社会の実定化です。総体として産業社会編制が設計実現された。その効果として、主要な経済編制と政治編制がなされた。

ⓐ商品経済の社会化がなされる。資本が資財・資産へと限界される。
ⓑ労働と資本の分節化がなされる。労働が賃労働化されかつ類的存在化される。
ⓒ市場経済の世界編制がなされる。生活環境市場が消え、商品・サービスの消費市場となる。

政治世界では、
ⓓ政治界が固有化される。政治家プロへ政治が委託限定される。

* 山本哲士『私を再生産する共同幻想国家・国家資本』、『国家と再認・誤認する私の日常』EHESC出版局。

ⓔ政策の決定と遂行が政治とされる。官僚政治が主導となる。
ⓕ市民・住民の政治が選挙民へと限定される。住民参画政治が縮小ないし消滅。
ⓖ権力が国家権力へと集中化される。政府、警察化、軍事化。

これらの国家社会化／市場経済化は、多様な社会現実を社会諸制度として同時に作り出し、身体なき「身体化された制度化」をなしている。近代の地盤形成へと地盤転移がなされたのです。こうした一連の近代変換を恒常化させて、転換不可能だと自然化させているのが、想幻化権力です。そして、それを転換させていくのも想幻化権力なのですが、同じ対象へのアプローチであるからです。これらを、内転換 inversion することです。

想幻化権力の本質次元

社会プラチックを固定させ、幻影をそこに同定させている想幻化権力は、何をなしているのか？　それはすでに言述してきましたが、制度的な意味論構造を構成し、規則化・規範化の力関係を構成している作用です。制度化権力関係と規範化権力関係とを結びつける権力作用です。それは、言説の知的資本によってなされます。

意味連関がシニフィアンから別のシニフィアンへとつながっていくことに対して、シニフィアンに対してシニフィエ優位を配置する想幻化権力の意味作用があります。基本言説で、ベクトルの上下関係を反転させるものです。それは、意味する関係を対象へ向けるのではなく、真理の場所へと向かわせます。真理を、そこへ従わせる作用です。それは、真理を隠していないと主張します。つまり真理シニフィアンは消されて、シニフィエされた既存言説内での限られた真理とされるのです。ゆえ、真理は一義的に固定されます。

象徴界は象徴資本が象徴暴力機能する象徴支配として固定されます。象徴体系が、その象徴記号によって定型化されるのです。

想像界は、社会想幻によって構成され意味づけられ、社会的想像力へと限定されます。現実界が市場としてしか理解されなくなります。現実界の意味は市場とされます。

対象ａは存在しないとされ、考察されなくなる。

これが、界の関係に作用している想幻化権力です。これは、欲望が従体から取り去られているのを意味する。代わって「国家と社会と市場経済」で規範機能している世界と実定化される（去勢化）。多様なそこをめぐる言説が生産されています。

主語制の言語様式に統合された国家資本の下で、これらが統括され、大学装置において再生産されます。ブルデューが、「国家は実際行為に押し付ける枠組みを介して、共通諸思考の象徴的諸形態を制定し教え込む institue et inculque。知覚、悟性、記憶の社会的諸枠組みを、分類の国家的諸形態を、つまり知覚・評価・行為の実際的諸図式を制定して教え込む」(MP, p.209)*、ゆえ個々人の思考や知覚は国家認識に従っているだけだ、と言っていることは、すでに主語制言語様式が国家装置へ資本化されていることが根源であって、それが個々人へ領有されて、自発的に諸個人が言語様式を使って言動していることであり、国家にただ従属しているからではないのです**。主体に長い過程を通して身体化されてきた、と言っていながら、「教え込む」とされてしまう。国家批判する大学言説であれ、それは既存のものを再認しているだけなのですが、批判解釈行為としてなされているのです。この解釈学的な矛盾を想幻化権力は働かせています。

国家作成の行事・休日のカレンダーとか、教科の分類化、大学専門学部の分類化といったものは規範化であり制度化であって、心的な内在化（つまり身体なき身体化）がなされるには、シニフィアンとシニフィエとの意味連関や幻影などの作用、基本諸界の構成があっての効果です。力の押し付けだけでは機能しません。認識構造は意識の形態ではなく、「身体の配置換え、実際的スキームの配置換えだ」ということと、「国家が認知諸構造を押し付ける」ということとの間には大きな穴があります。穴は欠如ではありません。

日本語の文法構造を変換したのは、大学言説です。国家からの命令だけではありません。そして、そのようなラングとランガージュを国民はただ押し付けられたから受容したのではありません。親の語る言語、学校で教えられる言語を、自分の側から領有したのです。

* Pierre Bourdieu, *Méditations pascaliennes*, Seuil. 1997. (MP).

** ラカンは、「自我は、大文字他者の眼差しから出発してのみ、自身を問題構成的なものとして提示し、支える」といいます。そこには包括的な感情移入の関係が想定されている。(S.VIII, p.416)

身体への制度ランガージュの領有が身体喪失を内在化していく自分の側からの行動です。

想幻化権力における変換へ

転換された述語制言語はしかし存在し続けています。存在することへの名づけがなされないで、主語制言語によって主語従属させられているにすぎないものへ押し込まれて、文法化までされて哲学文法となっていますが、述語言語表現は残滓し話され書かれています。

想幻化権力作用の位置変換は、述語制の知的資本へ立脚することです。この存在するものへ、私は「述語制」と名づけ概念化へと苦闘していますが、目の前にすでにあるものです。日本語言語を言語論的に言説生産する苦闘を要されますが、素材はすでに膨大に日本語総体としてそのものとしてあり、理論素材も、富士谷成章から松下大三郎、佐久間鼎、三上章、浅利誠、藤井貞和としてすでにあるものです。その理論言説編制の生産がまだないだけです。さらに、もう述べてきたように日本の道具技術、絵画の表現といった文化技術に具現されており、日本の武術に身体技術として体現されていることです。つまり、日本の文化資本として変換する想幻権力として作用しうるものは身体的存在にあるのです。これを活用するのが変換の知的資本です。変換は存在に関わるのです。

変換が可能であるとは、どういうことでしょうか？　いくつもの視点がそれぞれ真理を備えて利用可能にあり、視点どうしの相違、根源的な差異が移動しています。
まずなにより原理として、技術として、言語としてすでに存在しているということ。存在しているのに、見られていない、考えられていない、その次元が想幻界です。

実在しているものを変換に活用するということは、いかなることかです。私は、ここに三十年らい直面させられ考え続けています。それは、行為者による認識化や意識化ではないということです。概念コードの転換における壁です。妨害しているのが大学言説であることは指摘して来た通りです。近代言説の裏づけが、日本を超えた世界言説（実際は西欧言説）としてそこには組み入れられています。

了解を妨げるもの、それが時間の空間化です。了解とは、実際行為がなしている時間そのものの経緯です。時間化ではない。つまり、起源も結果もない。客観化ではない述語的規制です。日本語に時制はないのです。行為者／話存在に主語はないのです。述語行為があるだけです。動詞と形容詞はともに活用します、述語活用において動詞と形容詞の品詞識別は意味ありません、つまり形容されるものは動いているのです。行為者だけが動いているのではない。想幻化の意味連関は、主語制言語とはまったく別ごととなります。この理論化がない、なされていないということ。これが、変換を機能させない最大の根拠ですが、しかし、私たちは行為し語っているのです。

私が観察している限りでは、コンサルにおいて「現場を見る」ということから、取り出されるものです。そのとき、商品言説や社会言説、つまりは正解ありきの真理が特定されている大学言説の仕方は、現場を見ていないことがはっきり出現します。規範化でしか見ていないのです。また、優れたコンサルは、想幻化が分岐する場所を的確に捉えているのですが、指針を出したときに知的資本Xの方へとずれてしまいます。言説変換がなされていないからです。

つまり、対象は現場の実際行為そのもの、そしてそこにおける想幻化の分岐の場所、ここを的確に見ることが基本です。対象それ自体です。大学言説は対象をすでにシニフィエで切り取っており、もうそれは対象自体ではありません。分岐は、物事と象徴体制との関係において出現します。自他関係において出現するとも言えますが、これはホスピタリティ関係したときに見えます、サービス行為からでは見えなくなります。ここに、身体の配置換えがあるのです。我々は絶えず変換の中で移動しているのです。

様々な関係性は、商品関係や社会関係とは逆向きになります。ここは、意図的に反転させて見えてくることです。つまり、意味関連や力関連を逆向きにすることです。「逆転の方法」と言える。売る側の売り上げではなく買う側の買い上げであり、会社の雇用ではなくその場所住民からのワーク資本の提供であり、社長の経営指示ではなく社員の考えや感じていることからの経営です。消費者、住民、ワーカーからの視点です。そこから、見えていなかったもの考えられていなかったものが出現するが、主奴関係の逆転ではなく主奴関係自体を消すことによって出現する関係です。

現場は物事に直に対面して知っているのです。それを規則や規範性が見えなくさせている。大学言説思考が見えなくさせます。これをさせない想幻化権力作用が強固に働かされているのです。秩序を壊す、慣習に逆らう、不安を招く、社員には難しい、などの理由が強調されます。マネジメントではすでに、チューター幹部が媒介になってイノベーションをはかれとされていることですが、概念転換がなされていないとただの修正でとどまってしまう。マネジメントのイノベーションや知的資本は中途半端であるのも、想幻権力作用の場所、つまり「変換の知的資本」が配置されていないからです。

変換の本質へ　ラカンより

変換 transfert をラカンは徹底して考察しています。だがそれは邦訳では「転移」と訳されて、かなり本質的な了解としてはずれてしまう。それが起きていること自体がすでに変換の問題なのです。現象は分析者と患者（精神分析する者 le psychanalysant）との関係から、その容易に操作され得ない漠とした何かを「転移」だと理解されたのでしょうが、ラカンがつかんでいるのはもっと根源的な関係として了解できます。通常言っていることは的を外している、その語られたことが何であるかに気づかない、聞き方を知らないことは聞かれていない、そこに変換はどうなされるか、です。ここは愛の要求として欲望との関係になる、情緒資本論❷にて詳述。

知的資本Xは、何か新しいものをすでに受け入れられている観念から引き出す、自分で読みたいものを自分了解に沿って読みながら読む、実際に書かれていること自体を読むことができない仕方になっています。実体がすでにある、それはシニフィエされて明示されている、その脈絡を構成統一的に読むのです。真面目に真摯に、既存の大学言説、制度アカデミズム言説を踏み出さないように、枠組みを維持して正当化に保証されている範囲においてです。身体について、場所について、世界について何も知らないままに、与えられた専門言述の分類の下に服属してです。ですから、誰もが話し関わっている日本語というランガージュなるものはどういうものか、日本語で語られている「知」その

「知る為すこと savoir-faire」を問うことはしません。それはもうすでに在る、疑いもなく在るとされて、それを使って学問を語り書いています。「考えている」とは言い難いが、知ってはいるのです。そこに含まれている物事・事柄を考えないで知っている、その何かが何も問われないで、フーコーやブルデューを、カントやヘーゲルを「翻訳」しています。ラカンでさえ。置換はされていないただの「翻訳」です、しかもずれた。何か＝Xを不問にして抱えたままなのです。そこでは、シニフィアンとシニフィエとは「幸福」に一義的に一致したままです。言表を変えても概念空間は同じままです。

つまり、変換においては、再生産の力が作用し、元のままの状態へ引き戻される。他方、製造がでっちあげ fablique を構成する虚構が忍び込む。「見かけ」の本性です。変換の知的資本はこの双方に対決していかねばなりません。制度の意味論的機能が経験領野を覆い尽くして一義性に満たされることはないのです。

変換の知的資本

対決は文化資本の領有いかんにかかっています。社会関係資本で誤魔化してはならないことですが、文化資本が対立的差異を招くゆえ、社交関係の反復へと回避されます。

知的資本Xと知的資本Yとの間に、変換の知的資本Zが関与する。再生産か製造かの間で、変換の不確定性と通約不可能性とが反復されて曖昧さと粗野さに置かれるのですが、クワインやクーンやファイヤーアーベントの科学論からそれを見ていくことが不毛なのは、つまり、そういう問題はあるだけのことであって、「可能なるもの」を前提にはしていないのが、私たちの知的資本です。ある思考体系が別の思考体系を理解できるかどうか、などの考証にはなんの意味もありません。言説が作用するかどうか、そこまで練り上げられているかのことです*。失敗もするのです。

資本主義は終焉したと安直な新書を読んでの八〇歳を超える真面目な経営者の方が資本主義は搾取しているなどマルクス主義知識をもって世界を知っているかのように振る舞う。目の前の社員を指し、この方をあなたは搾取しているのかと問うと「いや」と否定する。搾取は知識として向こうの世界にあるのだ。何度も丁寧に十年以上このXからYへの変換を説いたが、まったく了解されない。だが近年の若い企業家たちにはすんなりと入っていく。前者は、主体による知識・認識から拒絶をなしている自分の身体なき知的資本を手放さないが、後者は対象と自らとの関係の取り方を自分身体で考えている。ハッキングが言うような真理の中心部の理解に関わる問題ではない。理解できるかどうかではなく、「誤認が真理だ」というスタロバンスキーの見解の方が真っ当である。「何が真であるか以前に、何が真/偽となりうるのかが問題になっている」などという、推論や論理の真実性の問題ではない。主体主観の見解や判断の問題でもない。知的資本の差異のことでしかない。ハッキングたちは大学言説から離れられないゆえの問題吟味をなしているだけでしかない。

日本の近代の翻訳世界は、蘭語・英語・独語・仏語・伊語で、この変換の問題における不確定性と不可能性の問題に常に取り組んできましたが（最も語る人口の多い西語に対しては本格的に取り組んできたとは言い難い）、それを可能性へと口語形成とともに大学言説へと鍛え上

* 身体なき存在である制度と言葉を語る身体的存在との完全なる接合は不可能であり、曖昧性、不確実性、過剰、逆説性に置かれて、現実は絶えず修復されないと今ある形を維持できず、行為は遂行される文脈から自由になることはできない。これは、理解の問題ではなく、言説作用の意味化と力が制度的「質化」といかに関わるかに関する知の身体享楽の問題です。

げてきたのです。ですが確定性には鍛え上がっていない。従って、通約＝通訳不可能さへの自覚がもう皆無に近い。いや、新たな言説を既存言説の方へと後退転換することに、つまり「ダメさ」の騙《かた》りに抜群に優れています。変換の知的資本が、知的資本Xへの還元として同化的になされていく。反復と再生産を巧妙に同化させているからです。そのツールは「辞書」言表の意味の意義化に固定されたものです。言表入れ替えだけですませられるほどに出来上がっています。この無知の知はそら恐しい。

> 歴史書において、歴史言述において、固有名詞や地名を他国に入れ替えても、なんの粉飾もないほどに浮遊している言説になっている。哲学書もそうなっている。私は、網野善彦の東と西の歴史を仕分けるしかたに共鳴し、講義でそれをテクストに使い毎週語っていて半年ほどたった時だ、東と西を入れ替えても同じであるのに気づいた。言表群が史実表記として違っているだけで歴史言説は同じである。メキシコ研究していた私は、メキシコ史を語る欧米・日本の既存の書に、メキシコなるものを何ら感知できない、イギリス史やアメリカ史と言表が違うだけで同じでしかない。*

変換の知的資本が「同一性の言説」でしかないのが大学言説の特質です。必然的な何かを安全な定式化の制度化された再生産アクトに明確化したまま、繰り返しているのです。

私は、知的資本Xと知的資本Yとを概念図式の違いとして対比させましたが、変換の知的資本Zを同列での概念図式の違いとして配置してはいません。等価ではないのです。変換が相手に満足されることはない、むしろ真理に対する不安から抵抗が生み出されます。

＊ メキシコでカルロス・モンシバイスにインタビューしたとき、彼のスペイン語言述は実に了解が難しいのだが、それを尋ねたら、「翻訳可能な言述を自分は絶対にしない」と毅然と語った。了解するならスペイン語を多言語へ変換するのではなく、スペイン語ならざる俺の＜メキシコ語＞の方へ変換しろ、という姿勢だ。

つまり、対象への思考真偽の問題ではなく、対象に向かう言説の知的作用の問題です。行為者と制度的意味論との関係でなく、自分が選択し使う知的資本の言説作用ですが、それが、変換の現在試練において、真理試練へ向かうか存在試練へ向かうかの、対立的分岐にたたされます。向こう側に愛の要求があり、こちら側に欲望の絶対条件が配置されているるのです。近代転換において変換された元のものが、新たな原理Yとして存在しえている。しかし、両立不可能な、通約不可能なものとして、現実試練において外在しています。

知的資本Xは、傲慢に自然を改造し運命を変え人類に役立てることができ、その修復も可能だと前提にしながら産業化の進歩・発展を建造してきましたが、環境破壊、気候変動を招き、今その建造物の腐食・崩壊が起きてきています。知的資本Yは、かかる不適切なXの傲慢さ限界への批判解析をなしつつも、近代でなされた貢献や意味を適正に再同定しながら、新たな主客非分離の場所環境世界を別原理から構築していくことです。

「真正の」変換の知的資本は、知的資本Xに対する批判分析をもって、それを真理の試練へおいたままでなく、存在の試練の場所へと地盤転移かつ概念転移させて、規範的様式に対する操作可能なものを探りだしながら、知的資本Yを活用していく場所を開くことにあります。不可視のままでありたかったエロスに光をあてたプシュケは、数々の不幸を受けてきたのです。

6 知的資本変換の地盤と試練

理論言説のテクストが、政治的主張やイデオロギー的立場のために使われるとき、コンテクストが捨て去られていくのですが、それは政治自体もイデオロギー自体も知的資本の落下を免れなくなります。つまり高度な知的資本を政治利用しうる政治リーダーもいなければイデオロギーの力も信仰以外に機能さえしなくなっている現在に現れているように。知的資本の地盤転移が近代でなされたことが、歴史の変容とともに見失なわれて、ただのシニフィエ知識＝真理として大学の「飛び地」に占有されて、言説の後戻しがナショナリズム政治や利益主義企業における大学言説支配に覆われ、ひたすらの退行現象へと絡めとられてしまっている現在です。政治資本なき政治家や知的深みのない企業マネジメントはその典型です。

地に足のついたしっかりした理論言説を見定め選択していくことも、知的資本の主要なワークですが、大学言説の知性次元を脱しないとそこにコミットできません。

知的資本Yと設定してきたものが可能となるには、知的資本Xで使われている言説の理論世界と、それを使う実際世界が、すでに徹底的な批判を浴びせられてきたことから開かれています。

フランス現代思想なるいわゆる構造論的転回が、言説転移をなして、何よりマルクス主義的言説次元から脱せる理論世界を開いたことが決定的でしたが、それを受けて社会諸現象への批判考察が深まり、各分野での理論革命と言えるものが一九七〇年代に進められました。言語理論、社会理論、教育理論、ジェンダー論、精神分析理論、政治論・国家論、経済人類学、文学批評理論、などそれぞれの界において徹底されたのです。私の見る限り、一九八〇年代、九〇年代いっぱいでほぼ出揃っています。さらに、建築論や都市論、地理論などへも波及していった。この言説総体のエピステモロジックな転移は、整理されているとは言い難いのですが、私なりに「知的資本論」の書で配置換えしてあります。『哲学の政治 政治の哲学』では二〇〇〇〜六年にわたって、ジュネーブを拠点にして自分なりに総括しました。

知的資本としてここを見直しますと、概略次のように言えます。

三つの知的資本と試練

構造論の論者たちは、共約不可能性を互いに思考実行しているため、それぞれ固有の理論世界が構成されています。それはいたずらな統合や統一を目指さない。同じ言表でも概念が異なるものです。ですが、共約不可能なるがゆえに、その間には多くの穴があります。そこに理論生産のまだ見えていないことへの可能条件や要素やテーマなどが沈殿しているのです。ここに対して、個々の固有な巨匠（ないし狭い凡庸な専門主義）に従うという大学的知的資本のあり方と、言説間の穴に探究を進めるという固有の知的資本との違いが派生します。そのはざまに、いくつかの理論の相互共有を転移可能性として見出す知的資本のあり方がなされえます。しかし、この三つは、作用の仕方自体が大きく異なっており、等価的な差異として並列されません。個々の概念への了解の仕方さえ異なってきます。

第一の仕方は、「解釈」が主になり、シニフィエの内容確認と知識所有が主軸になります。

第二の仕方は、共有シニフィエを生み出すシニフィアン作用の発掘的探究になる生産です。互いの外部の共有界の「差異的」領有です。

第三の仕方は、「転移」が主なる作業となり、新たな概念空間の創造生産が主軸です。

私は、現代思想に対しては、第一の仕方を基礎作業として自分の「学び」として遂行し、解釈の正当性ではなく、自分の手持ちの概念空間のそれぞれの転移として自分へ向けて遂行しました。そのとき、第二の仕方が同時に営まれます。「プラチック」の発見は、第二の仕方からでした。そして、第三の仕方で、資本の体系が新たに固有に生産され、異なる概念世界を構築していく。「述語制」の発見がその基盤に構成されたことです。ついで「想幻」化、事幻化の発見。

この三つの仕方が言説に対する知的資本の作用と言えます。そのとき、常に実際世界を私は見ながら考察しています。ブルデュー的なアンケート方式は恣意的です。調査よりもブルデューの理論言説自体の方がはるかに考察対象となりえます。テキスト考察は、ある意味実証的なものなのです。それを実際的《プラチック》なものとして対象にみなせるからです。実際現実として、私は企業との協働研究から企業体や企業人たちがどう考えいかに行動していくかを観察・分析できました。また、いくつかのプロジェクトに関わって、その実際に起きていく物事や関係者たちの理解の仕方やずれなどを注意深く考察してです。そこから、知的資本Yなる世界が、実際に在ることを見い出せたのです。私から押し付けたのではありません。協働研究は、自分自身に領有されていた概念世界を転換することを余儀なくされました。多くの批判理論*が、現実をそれ自体として解読できる視座を供しています。そこに、知的資本Xの現実と言説の限界が浮き出してきます。

すでに行論にて使ってきましたが、ボルタンスキーが「三つの試練」としてまとめたものに対応します。私はそれを以下のように識別します。

第一は「真理の試練」、知的資本Xにおいてなされています。

第二は「現実の試練」、変換の知的資本Zによって分岐的になされます。

第三は「存在の試練」、知的資本Yを創造形成し作用させていくことです。

これは、先の理論言説継承の仕方の違いに対応します。つまり、言説に対する試練と実際世界における試練とが、対応的になされるということです。これが、知的資本です。形而上学ではない。つまり、知の言説行為と実際行為の双方を動かしている知的資本の作用です。

ここで重要なことは、言説プラチックが社会プラチックを規制しているという関係です。そこが可能であると同時に不可能を欠如＝剰余させていることです。臨床医学言説が医療プラチックを規定しています。しかし、病者の実際行為はそこに治療としては従属しますが、そこだけに治らない実際行為が治癒行為、健康行為としてなされているのです。ここをボルタンスキーは「シンボル形式と物事choses」の関係と配置しますが、象徴支配体系と実際行為との関係と私はブルデューに沿って配置します。そして、その関係の穴に想幻化作用が働いている、

* ボルタンスキーは、批判社会学と批判のプラグマティック社会学とを仕分けて、前者の力と利益の主体従属的な強調に対して、後者から個人の批判能力の可能性を強調。

その可能域を開きたいからです。でないと、ボルタンスキーが強調する行為者の批判・解釈能力が自在性であるかのように誤認されてしまうのを避けるためです。

ボルタンスキーは、批判のプラグマティック社会学は、行為者の批判能力と行為者がある状況下で解釈をし行為をするさいに創造性を発揮する、と認めます。これは、社会エージェントとして振る舞わざるをえない規制状態と、アクターとして批判能力と創造性、解釈能力を行使するというズレを指摘しています。変換の知的資本とは、この agent と actor との関係に作用しているものです。「社会生活のあらゆる次元を「最終的分析における」決定判断される要因に折りたたむ」(Boltanski, p.81) 支配の力関係の言説では、実際行為を正確には掴めないからです。「変換の知的資本」が踏まえる多元性の再認は、自由個人主義とは異なる、規制化の実際行為をより微細に考察することです。ボルタンスキーへの了解もまたズレてしまう*。

変換の知的資本は、いくつかの理論言説地盤の転移の成果に立脚していますが、総体としての知的言説の転回の成果を加味しての作業です。つまり、変換は、総体的になされたのです。一部の論者や個別の専門領域にとどまってはいない、超領域的専門次元でなされています。

言説地盤の転移

様々な言説転移、理論転移がなされましたが、基盤となるものは、主なるものとして、真理試練に関わるのが思想史／哲学的転移、現実試練に関わるのが歴史研究の転移、存在試練に関わるのが言語理論の地盤転移です。詳述すると膨大になりますのでさわりのみ述べておきます。

* ボルタンスキーとはパリの社会科学高等研究院 EHESS で何度も対話しましたが、少しでも正確さに達したいためパリ在住の三好さんに通訳サポートを受けながら。しかし概念関係転移が、フーコー、ブルデューの先をいってますからどうにも掴めない。こういうことかと問い直すと、彼は誠実に説明してくれるのですが、何度も繰り返しているうちに、さすがの三好さんも通訳できない、二人でやってくれと放棄され、そこで英語、西語もとりこんで二人で議論。こういう変換を自分でしない限り高度な理論言説を読むことへの了解などありえません。

①思想史 histoire des idées ではなく思考 pensée の歴史

フーコーは思想史を考古学的叙述 description archéologique へと切り替えました。この思想史の書き換えは、言説史であって、哲学の転移ともなっています。つまり、近代的な諸概念、諸言表が入れ替えられて、「意識—認識—学問」の軸から「言説プラチック—知—学問」の軸へと転じられます。認識論の哲学ではない、言説プラチックの哲学、知の哲学。形而上学ではなく言説の歴史です。命題形式において真偽を確定することはもはや疑われています。

友人のエドワード・G・アンドリューは経済思想史として「コンシアンス」をキイ概念にして優れた考証をなしています。コンシアンスを「意識」とか「良心」と安直に訳せません。経済活動にコンシアンスがいかに関わり変遷してきたかの考証です。その著書の前書きには私への謝辞も入っていますが、フーコーやブルデューにも精通しているゆえ、彼とは実に長きに渡っての対話をトロント、東京、ジュネーブでなしてきました。イアン・ハッキングやリンダ・ハッチオンも彼を非常に高く評価・敬愛しています。思想史は哲学・文学の素養なくして成り立たないのに日本ではそれがない。アンドリューはプルースト、シェイクスピア好きで、実に深く読み込んでいます。言説史考察が、哲学の転換にまで意味を働かせている考察です。

「思想」という実に曖昧なものの確固たる流通が日本の知的考察を妨げてきたと私は考えますが、哲学理論が、思想家の思想態度と専門学術の思想史とに分裂したまま何らの深化をもたらさなかった結果を招いているからです。そこには、知の転移、知的資本なる思考様式が何ら問われない空間が、双方の欲望の「欠如」として実定化されてしまっています。思想が、哲学や理論の代替物になってしまって、そこに大学言説の正統化が市場流布（雑誌「思想」『現代思想』）されて

ドミニク・ラカプラ『思想史再考』平凡社。

イアン・ハッキング『言語はなぜ哲学の問題になるのか』勁草書房。

ジャック・ブーヴレス『ウィトゲンシュタインからフロイトへ』国文社。

アンドリュー『コンシアンスの系譜学』EHESC 出版局。

Edward G. Andrew, *Conscience and its Critics*, Univ. of Tronto, 2012.

います。新たな言説理論も「現代思想」というわけで、言説理論の批判考察が何らなされなくなっています。何でもないことのようですが、概念空間が暗黙確固と固定されてしまっているのです。

しかし、フーコー以外に言説史を哲学転移としてなしきった論者はいません。私の観る限りアンドリューのみです。あえて言えば、カンギレームの科学史・科学哲学、そしてバシュラールの認識論的切断の夢想論が、ともにフーコーが踏まえたものです。こうして哲学を見返すと、ヴィトゲンシュタイン以降進化しているようには見えない。ブーヴレスが言うように、哲学者はどこへいったのか？ デリダに哲学転換を見出せない。唯一、デコンブかと思いますが、難解。対話しましたが、私は未熟で理解しきれていない。女性哲学史は、ミシェル・ル・ドフが取り組んで秀逸。すると、ラカンがやはり哲学転換としては基本か、となります。バデュウなどクソ面白くもない。哲学研究があるぐらいで（マシュレのスピノザ研究など）、新たな哲学転換はないと言えます。かつては西欧にもあった述語閾が見えていないから、哲学知の転換・転移がなされえないのです。

日本の文化的事象を、遅れた粗野なものだと西欧主義的な価値尺度（その基準にされている西欧理解など粗雑極まりない無知の産物）から否定的に捉えて、たこ壺だ、親分社会だなどという比喩はその粗野さの典型だし、政治思想史など歴史実証にも届いていない。丸山眞男以後、多くの優れた史的考証が実質的になされていますが、未だに丸山だという制度権威の政治マター＝権力作用が知であるかのような一般的なはびこりは、知的資本が貧しいままだからです。

私自身は「述辞」史として助辞・助動辞を言説史的に系譜立てて考証しています（次頁）。哲学の対象が「言説の歴史」の方から転じられた、その日本版は歌謡の「手爾波」論述*であるからです。

*「手爾波」言説が、「てにをは研究」としていくつかなされているのですが、「手爾波」と「てにをは」とは違います。述語制言説が主語制言語へと転じられてしまっているため、述辞体系は何ら把捉されないまま、つまりランガージュ論不在のままになっています。歌学史とともになさねばならない。格闘中です。

1392 南北朝— 1333←鎌倉時代

1573(←室町)

秘伝の公開

	〜1300	1300–1400	1400–1500	1500–1600	1600–1700	1700〜
テニヲハ	順徳院「八雲御抄」(1234) 仙覚「萬葉集註釋」(1269)	二条良基「連理秘抄」(1349) 「知連抄」(1374) 「異本悦目抄」	**「手爾葉大概抄」** 池坊専順「専順法眼之詞秘之事」 心敬「馬上集」 藤原為實「竹園抄」 宗祇「**手爾葉大概抄之抄**」(1483)	「**姉小路家手似葉傳**」(1570) 「**春樹顯秘抄**」 木食上人「無言抄」(1580) 里村紹巴「連歌至寶抄」	「歌道秘蔵録」(1622) 「一歩」(1676)	有賀長伯「和歌八重垣」(1700)、 「和歌てには秘伝抄」(1705) 長伯「**春樹顯秘増抄**」(1737？)
助字・助語　漢学・蘭学					「助語辞(1592)」の翻刻(1674) 毛利貞斎「鼇頭助語辞」(1684) 三宅緝明「助字雅」(1699)	荻生徂徠「訳文筌蹄」(1711) 森本久明「助字和名考」(1719) 太宰春台「倭読要領」(1728)
言語論					契沖「和字正濫鈔」(1695) 貝原益軒「和字解」(1699)	谷川士清「日本書紀通証」「倭後
	新古今集(1205) 仙覚(1203?-1272?)	二条良基(1320-1388)	心敬(1406-1475) 専順(1411-1476) 宗祇(1421-1502)		芭蕉『奥の細道』(1694)	

引用：山本哲士「述語制の日本語」第2巻、『日本語の言語哲学と文化資本』(近刊)より。

総合化（1840–）	活用への転移（1800–1840）	宣長・成章による体系（–1800）
鈴木重胤「詞捷径」(1845) 広蔭「詞玉橋」(1846 完成)	鈴木朖「活語断続譜」(1803) 御杖「俳諧天尓波鈔」(1807) 富樫広蔭「詞玉橋」(1826 初稿) 鶴峯「語学究理九品九格総括図式」1830)	遁危子「和歌童翫抄」(1754) 雀部信頬「氏邇乎波義慣鈔」(1760) 村上織部「古今集和歌助辞分類」(1769) 栂井道敏「てには網引網」(1770) 宣長「ひも鏡」(1771) 成章「あゆひ抄」(1773成、1778刊) 宣長「詞玉緒」(1785)
	皆川淇園「助字詳解」(1811) 杉田玄白「蘭東事始」(1815) 藤林普山「和蘭護法解」(1815) 橘守部「助字本義一覧」(1838)	伊藤東涯「助字考」(1751) 岡白駒「助字訳通」(1762) 伊藤東涯・東所「操觚字訣」(1763) 徂徠「訓訳示蒙」(1766) 淇園「虚字解」(1783) 前野良沢「和蘭訳筌」(1785) 淇園「実字解」(1791)
義門「活語指南」(1840成、1844刊) 保田光則「あゆひ抄考」(1851)	御杖「脚結抄翼」(1794) 春庭「詞八衢」(1808) 義門「詞の道しるべ」(1810) 御杖「脚結玄義」(1821) 義門「友鏡」(1823) 朖「言語四種論」(1824) 春庭「詞通路」(1828) 富樫広蔭「辞玉襷」(1829) 義門「和語説略図」(1833) 鶴峯「語学新書」(1833) 義門「山口栞」(1836)	成章「かざし抄」(1767) 加茂真淵「語意考」(1769) 宣長「活用言の冊子」(1782) 柴田常昭「詞つか日」(1792)

②歴史研究と歴史理論

ヘーゲルの進歩主義的歴史観とマルクス主義の唯物史観からの脱却が、社会史研究においてなされたことが、理論地平を開いたと言えます。支配者の歴史変遷ではなく、日常の生活の実際の歴史です。民衆史だ下からの歴史だなどと言われましたが、これも「プラチック」を対象にした歴史であり、リュシャン・フェーヴルとマルク・ブロックによって開かれ、第二世代のブローデルを経て第三世代のラデュリ、ル・ゴフ、デュビーらまでに、実に多くの歴史研究がなされてきました。これは主要な邦訳もあり要所は把捉されていますが、大著はまだまだ多数にあります。「変化」と「変わらないもの」の歴史はセクシュアリテ、子ども、家族の歴史からチーズ／うじ虫などをへて身体、記憶、感情にまで現在いたってますが、ただの生活史ではない。何が歴史変動に作用したか、主要なイデアの影響や政治権力の支配によってではなく、民衆がとった様々な行動の資料が検証されています。第四世代のシャルチエはフランス革命史を民衆が接していた青本・赤本を素材にして書き替えましたが、社会史を「社会の文化史」へ転換することを主唱した。

私のメキシコ留学中、一九七〇年代後半にはメキシコ革命史も書き替えられていく真っ只中にありました。それはもう唯物史観などを捨てていましたが、新たな歴史理論が作られていたわけではない。

歴史叙述に不可避に介在する歴史認識が、「歴史事実とは何であるか」をめぐって、客観的な自己完結的で唯一の反復されない明白な事実だ、いや歴史家が主観的に歴史認識によって価値判断から想像構成したものでしかない、とお決まりの二元対立が実証主義歴史学と現実主義

ブローデル『地中海』藤原書店、『物質文明と資本主義』みすず書房。
ル・ロワ・ラデュリ『モンタイユー』刀水書房」。
ジャック・ル・ゴフ『煉獄の誕生』、『歴史と記憶』法政大学出版局。
ジョルジュ・デュビー『中世の結婚』新評論。
シャルチエ『読書と読者』みすず書房。

的歴史学の間で二十世紀前半に起きていましたが、資料の選択吟味、歴史家の問題設定による解釈、の相互関係から歴史事実は記述されるとなっています、そこに「心性史」としてニュー・ヒストリーが登場した。でも、それをまとめるピーター・バークのような平板で冗長な言述やラカプラのまとめ方も「歴史理論」が脆弱です。やはり、フーコー言説が意味を強く持ってしまう。歴史家に理論がない、これは何か知的資本として致命的ではないでしょうか？　つまり社会理論や既存哲学の知的資本が介入してしまう。

フーコーはその逆をなしたわけで、事件史ではなく「出来事」としてその非連続を理論的にも設定して、言説史を描き出した。非連続性 discontinuité、切断 ruputure、閾 seuil、限界 limite、系 série、変容 transformation などの諸概念から近代的な連続性や全体性、完全性、統一性などの既存の概念空間ではない「哲学界」を創出した。それは、社会史の成果を踏まえたもので、ここに歴史研究の仕方は理論決定的に分岐したと言えます。ただ事象・表象を対象にして細かい実証をなすだけのあり方に対して、現在に意味として作用していく変化／非変化が理論的歴史学として機能し始めた。ポール・ヴェーヌのように勇み足でずれる論者も出てきますが、ミシェル・ド・セルトーたちがそれを深化する。構造論が非歴史的考察のように誤認されがちですが、歴史理論を転移したのです。歴史考察は現在を照射してくれます。

「心性史」概念が提示されるも、信仰が考証されたぐらいで、家族、教育、恐怖、健康、刑罰、遺書、祭祀、性、死、食、身体、犯罪、病気、民間信仰、民衆文化、労働などの実際生活が種別的対象であっただけで、それはエモーションの歴史が考察されるようになってやっとのこ

ピーター・バーグ『ニュー・ヒストリーの現在』人文書院。
ドミニク・ラカプラ『歴史と批評』平凡社。
セルトー『歴史のエクリチュール』、『歴史と精神分析』法政大学出版局。

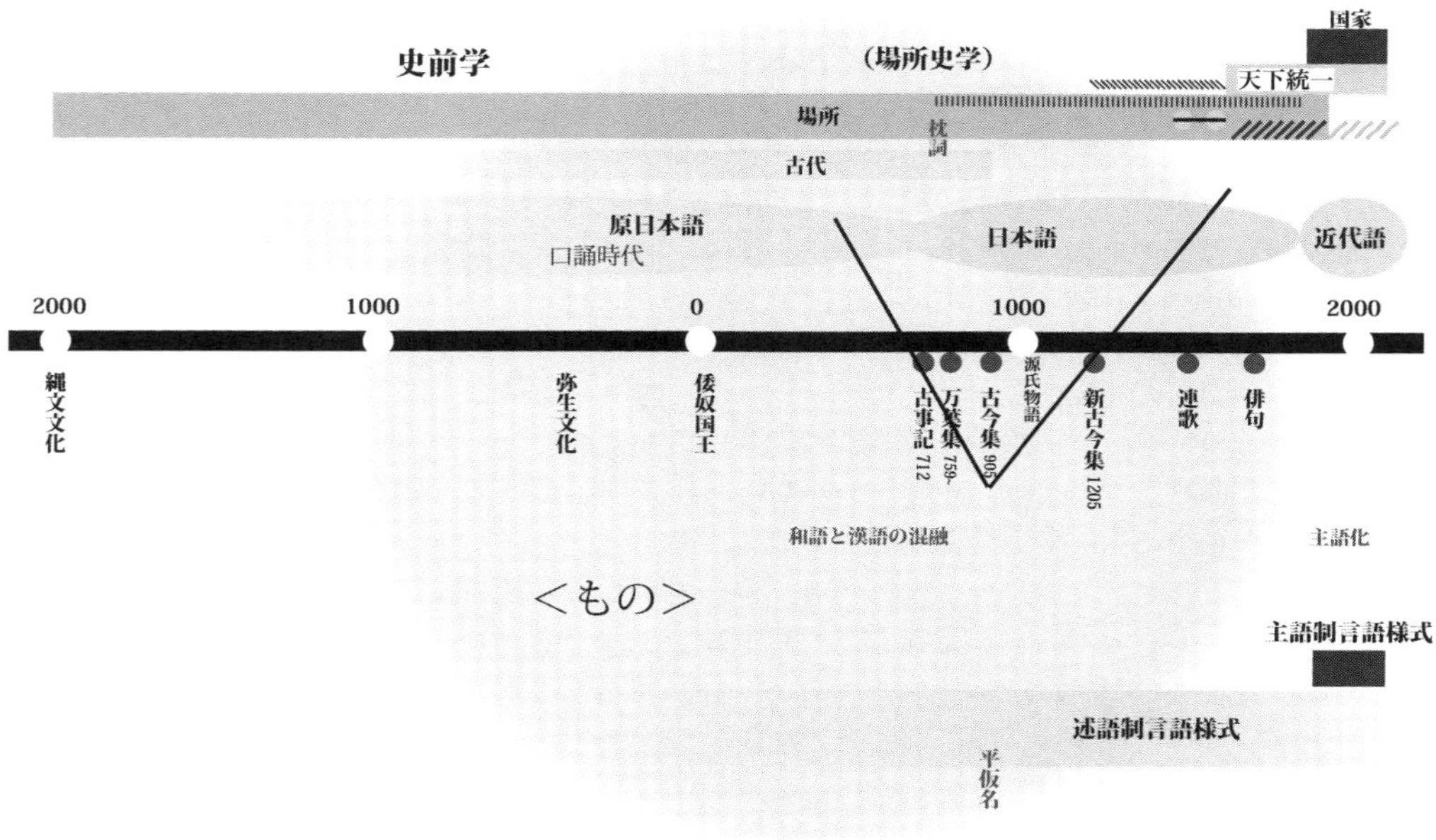

史前学
(場所史学)
国家
天下統一
場所
枕詞
古代
原日本語
口誦時代
日本語
近代語
2000
1000
0
1000
2000
縄文文化
弥生文化
倭奴国王
古事記 712
万葉集 759~
古今集 905
源氏物語
新古今集 1205
連歌
俳句
和語と漢語の混融
主語化
<もの>
主語制言語様式
述語制言語様式
平仮名

とではないかと思います。個別さへ閉じられない水準になった。アナール派よりも、独立歴史家のフィリップ・アリエス、人類学のルイ・デュモン、社会学的なノルベルト・エリアスの方が、歴史学的に、他の学問へ影響を与えたと言える。概念転移に関わる出来事を発見したからです。

私はメキシコ革命史を教育史の側から実証的に記述された出来事は事実であるとして、時系列化とテーマ項目として歴史研究しましたが、資料と出来事の背後に膨大な世界を感じ、不可能をひたすら知るだけで博士論文には仕上げたものの、以後実証研究は放棄します。しかし、革命とか政治なるものの作用が何であるかの社会理論の見直しには大いに役立っています。「歴史理論」には常にアンテナを張っている私です。何かを考える時は歴史的非連続を見つけながら、歴史の意味において変化変転の現在的な意味を背景に規制的条件として考証しています。〈述語史観〉と自分で勝手によんでいます。そして、社会史に変わっての〈場所史〉が郷土史を超えて場所の文化史として形成されることが要されると考えます。私が描いた大雑把なマップは右図のようなものです。資料から伺えることでしかない「有史」なるものがいかに短期でしかないか、近代史など点に近い。この歴史感覚は、近代批判をなすとき大事です。けれど思想的に近代変化などすぐ克服される、などと言い切ってはならないことでもあります。

言語も事件も出来事も物・道具も身体も、さらに心性も精神も情感・感情も、記憶も歴史です。歴史資本論にて論じます。私の知的資本にとって歴史とは過去のことではなく、現在性を構成している主要なファクターです。現実界と想像界の交点が象徴界に配置されて歴史表象しているとみなします。知的資本Xは歴史を客観性だと実在化しますが、まったく私は信用していません。

アリエス『子供の誕生』、『死を前にした人間』みすず書房。
デュモン『ホモ・ヒエラルキクス』みすず書房。
エリアス『文明化の過程』、『宮廷生活』法政大学出版局。

③言語理論の転換

私はヤコブソンの言語学をあまり評価しない、むしろバンヴェニストの方が重要であるのも、音素なるものの設定はランガージュの考察に意味を持たないからで、ラカンはヤコブソンを立てますが、ブルデューはソシュールをラングの非歴史的な言語共同体を設定したものでしかないと批判します。私は、ランガージュの述語言語様式を考察するゆえ、その視座からはヤコブソンは使えない。バンヴェニストは主語を疑う述語機能の言語理論を開いており、言語の歴史を克明に考証している裏付けをもっています。記号論的にクリステヴァの理論は大きな意味を供してくれますが、意味あるのはグレマスの構造意味論の方です。言語自体も歴史的に変遷していく。それはラング論からは解けない。ラカンが配置したラングは、名指されない書かれえない言語であり、無意識はラングではなくランガージュであると考察されますが、そのとき、ソシュールのシニフィアン／シニフィエの関係は反転されている、その意味を見失ってはなりません。間にある横線、つまり意味関係は一義対応はしないということです。記号論か意味論かの不毛な対立は意味ないですが、シニフィエ優位かシニフィアン優位かは理論生産と知的資本には決定的な違いをもたらします。ラカン理論を記号論と私はみなしません。

クリステヴァによる言語論も、シーニュの「意味された」解析ではない。セミオティックなものが象徴的なものへと転移構成される、その原初関係における精神分析的な配置転換が「動き」として考察されています。記号論的誤認は、シーニュ探しとそこへの物事の還元的な当てはめにあるのも、シーニュが何かのシーニュであると思っているシニフィエ考察でしかないか

バンヴェニスト『一般言語学の諸問題』みすず書房、『主体と意味』岩波書店、『インド＝ヨーロッパ語彙集』言叢社。
ヤコブソン『一般言語学』みすず書房。

らです。そうではなく、「ある効果のシーニュであり、その効果はシニフィアンの働きによってそれとして想定されるもの」(Encore, p.48) であって、ラカン理論とはまったく違うクリステヴァの言語論的な精神分析論は、母なるものを巡っての前言語段階の心的関係の象徴構成を解き明かしています。

記号論主義は、動きを消すため、その効果さえもシーニュだと還元してしまう。馬鹿馬鹿しい論述が日本でもたくさん産出された。客観性をしなやかに揺らしたと思い込まれてですが、ただの軽薄知性です。

クリステヴァかラカンか、クラインかラカンかではなく、相互の考察の間の穴を見出しながら、ラカン―クライン―クリステヴァのボロメオ関係を私は母体配置する手法をもって意味論への規制として捉えます。その上で、さらにアンリ・ワロンの児童心理学をその母体を覆う応用対象として批判配置する。ピアジェは、ただの参照例示でしかないのも、認識論の限界を体系化しているに過ぎないからですが、ワロンのそれには「行動」「行為」が配置されるゆえ認識論にとどまっていません。象徴資本論❺にて論じます。

クリステヴァには意味化される構造は示唆されていますが、意味生成を意味構成する文の構文化が解明されていない。構文論で卓越しているのは、グレマスと三上章です。前者は主語制構文論、後者は述語制構文論として比較対照になる。そこの間の穴・ずれを把捉していくことです。シニフィアンの連鎖は構文ではない、次元が違います。ラカンにも構文論はない、命題文です。構文論は、主述のコプラ＝繋辞の命題文を問い、哲学命題の根源を問うことになります。そして構文論に潜在しているのは、歴史考察の可能性です。「我考える、ゆえに我あり」に対して、

グレマス『構造意味論』紀伊国屋書店、『意味について』水声社。
クリステヴァ『詩的言語の革命』勁草書房、『セメイオチケ』せりか書房、『ポリローグ』白水社。
クライン『羨望と感謝』『子どもの心的発達』誠信書房。

「私は考える、ゆえに私はある」と「は」が出現すると何が起きているのかは、言語本質の問題だけではなく、歴史的な非連続の出来事が「何か」起きたのです。グレマスは構造論が歴史考察に大きな作用をもたらしていることを論じた人だが、意味論は歴史論を内在していると読み込んでいかないと記号論へ足をすくわれてしまう。意味とは歴史条件にあるからです。意味論の本質と歴史論述は、グレマスとバンヴェニストです。ここを抽象化したのがチョムスキーの生成文法です。ピアジェとの論争でその粗末さは露呈しています、ただの決定論者です。それを日本語に適用するなど無知の知性の極限です。

　言語編制は実に重層的です。その構造的構成を左図のように私は配置して考えています（言語資本論にて詳述）。哲学はもとより社会理論や経済理論、政治理論においてこの言語編制を考慮に入れていないものは思考として不備などというものではない、と言っておきます。英仏独などの理論書の邦訳で、主語制構文を述語制構文へ翻訳 translation している〈tranfert〉に自覚がないものが「すべて」であるような知的状況からは、不能化への閉塞が起きているだけです。〈pratique〉が理論対象へと変換されたことさえ認識もされていない、そんな知性が言説を捉えることもできていない日本です。

　言語理論の転移は述語制言語様式の解明にしか意味ないと言ってもいいぐらいです。卓越した言語理論はその壁に突き当たっています。イェスペルセン、アントワーヌ・メイエはそこを示しているゆえ、読み返し、理論転移の場所を見出さねばなりません。

イェスペルセン『言語』、『文法の原理』岩波文庫。
メイエ『ヨーロッパの言語』岩波文庫

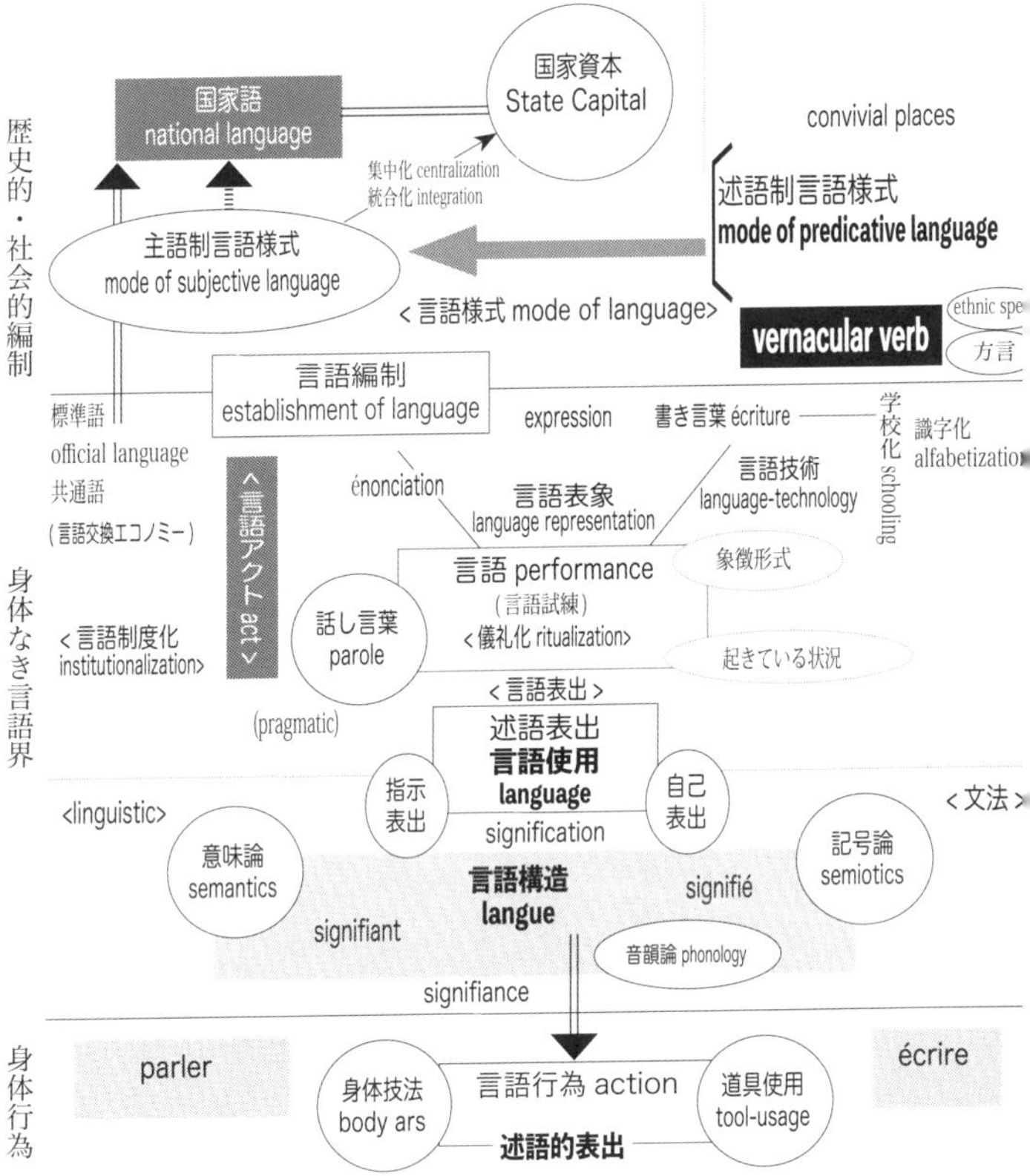

引用：「述語制の日本語」第２巻、
『日本語の言語哲学と文化資本』(近刊)より。

何を理論の思考技術の知的資本にするかによって、思考も理論も変わってしまう。対象の捉え方が決定的に異なってきます。世界線でも構造論的転回を茶化し出鱈目だと論述するそこには、知的資本が粗末さの究極としてしか機能していない実例です。知的資本の概念を入れていかないとその裁定も了解もなせない。私自身、五十年もそこに取り組んだまま、いまだ未完ですが学び続けています。社会で仕事する人たちが、旧態学問の大学で学んだままで、うわついたビジネス書や概説書を読んでいる状態では、変化していく現実は捉えられない*、それが今の政治や経済を司どっている日本の状況です。停滞するのが当然です。知的資本の基本は、哲学、歴史、言語です。分析するさいに操作する装置です。この三つにおいて理論転移されたことを関係的に領有しない限り、政治も経済も社会も文化も、また科学も技術も近代的な滞留の旧態Xのまま理解されるだけです。つまり、知的資本Xで掴まれたものは実際の現実ではない、現実性の現実性でしかない。自分に対しての理解も自分自身ではない。物事は正鵠に把握されていない。こんなことを日本では言わざるをえないほどひどい知的状態にあります。書を読めてもいないのに否定して知ったかぶりをしているamazonでのコメントなど、まさに肛門期的糞詰まりです。哲学／歴史理論／言語理論の土台が転移的に領有されていない結果です。しかし、言語学はそこで生じる対象aを白紙にしたままですし、歴史学はシニフィアンに届くことはない。まだまだ、未知なのです。

　歴史事実と言説史との間には大きな隔たりがあります。歴史事実は、歴史家によって資料を材料にして作られたものでしかない。また、いわゆる「名著」だけが歴史を記しているのではない。フーコーの考古学と系譜学の提唱は、歴史事実、真理言説の根源を問い返し転換する

* 不安回避に真理を活用している仕方で、現実界の不可能が不安をもたらすゆえ、既存思考の再認でとどめようとしている知的資本Xによる、「知る」ことを排斥する仕方です。

知的資本であったゆえ、歴史家たちにもとりいれられましたが、同時に完全な拒絶にもあっている。新たな資料の発見によって歴史が書き換えられるというように、歴史は曖昧に浮遊しているままですが、歴史事実それ自体の自己完結的な一義性は問い返されています。

歴史を言説史から見ていく、文献資料も理論書も文学も言説です。しかし、それは歴史現実からははるかに遠いのです。哲学も言語も歴史です。歴史をどうみなすかで、知的資本は大きく変わります。

知のマッピング　選択の知的戦略

知的世界に対して、自分なりのマッピングを配置しながら、それを固定させずに配置替えしつつ、それぞれの論者たちの言説間の穴を自分で見つけ考えていくこと。その戦略は近代知の配置換えです。これが、私たちのなす知的資本のアクト actes です。

何を知の哲学コアに置くか、多様な真理の理論言説がありますが、その中で自分の思考の技術となる真理を選択すること。物事の了解をなす上での思考ツールの選択です。私は、フーコー、ブルデュー、ラカン、イリイチをそのコアにして全体的な配置を超領域的になしています。デリダを配置するかリクールを配置するか、などでマッピングは違ってこよう。選択においてすでに方法、戦略は規制されるのです。

そして、戦略目標として、現実秩序・言説秩序を「守るのか／転換するのか」、現実への対応の仕方がそこに設定されます。利用可能は真逆へと進みうるのです。方法技術の選択とそこでの自分鍛錬がなされるところです。理論における政治的対立の配置にもなるのですが、私の場合は、政治的・社会的な制度化権力と規範化権力のパワー関係に対峙して想幻化権力のオルターナティブ（分岐）を見つけ出し「変換の知的資本」を作用させる方法を取ります。そこに、新たな言表化、概念化、概念転換、概念配置換えをなして、理論生産を開き、現実の実際行為を転じていく可能条件を開くのです。地盤は、主体／主語制の言説を述語制の自分技術へと転じる言説生産です。そのための基本的な諸理論のマップを「知的資本論」から修正再録しておきます。新たな知的資本の素材となるものですので、参考になるかと思います。

選択と戦略と方法の相互性において、相対主義、懐疑主義、歴史主義、科学主義とみなされる批判十字砲火を対峙的に回避すべく、選択されている哲学的コアです。自戒的に、自らが反合理主義と主知主義と社会構築主義に落下しないことです。真理を問うても、真理は想像力の所産である（ポール・ヴェーヌ）とか真理は知り得ないとか、何も知り得ない、などと馬鹿げたことを述べるようであってはならない自己規制は厳格にとっていかねばなりません。つまり規制条件をいかに配置していくかにおいて（述語的場所規定）、他の様々な優れた考察をマッピングしてあります。真理は観念ではない、物質的言説であるということです。

専門個別に閉じている限り、シニフィエ対象の精密化はなされても言説生産はなされません。全体的知識人になることではない、言説の諸領域の横断から〈界〉を自らで再構成していくことです。それをなす力が知的資本です。フーコーの言う個別的（専門）知識人の意味をはきちがえてはなりません。狂気、医学、言語、監獄、セクシュアリテ、文学、絵画などフーコー自身における領域侵犯の考察対象を見てみれば分かることなのに、大学人言説はそれを閉じた個別専門主義の正統化（X界）へと後退させています。フーコー専門家はラカンを読まない、ボルタンスキーやアンドリューを知らない、レヴィ＝ストロースは知っていてもサーリンズを読まない、クリステヴァやイリガライを読むがミシェル・ル・ドフを読まない、などなど。難解な言説だとすぐそれを放棄する。知の領有は苦闘です。基本地盤を欠落させて、言説理解はなされない。自分なりのマッピングを作って、常にそれを考察し続けていくことです。私の選択配置は、世界線において重要不可欠とみなされるものになっていると強調しておきます。一流、三流の「誤魔化し」ものを選択してはいません。有名だから取り上げるのではない、実質があるゆえ取り上げています*。欧米でも、大学言説の二流、三流がはばをきかせています。

選択とは如何になされるのか？　必要からの選択か自在な好み／嫌いからの選択か、その相互関係が、対象優位の配置でなされるか著者優位の配置でなされるか、「事実」「対象」への関わり方として、すでに哲学的であり社会的規定を受け歴史学的であるのですが、戦略的な知的資本が選択する、と私は配置しています。日本の文化主義者たちは「知の戯れ」と唱呼していましたが、非政治的な自由であるかのような擬制をなしたただの軽薄さです。その欺瞞に対して、私ははっきり選択には「対立」という政治資本の作用が入り込んだ政治的な戦略だと強調します。組織利害のための政治ではない、自分の自分への政治的自律性の知的技術です。実際的なものへの関わり方が違ってくる、それを可能にする「選択」であって、不可能を自覚しての可能性への挑戦に要する選択です。他者のはっきりしない要求に応える「理解」ではあり

* 近年ようやく翻訳選択が開かれてきていますが、まだまだ然るべきものが選択され得ていませんし、訳語がメチャクチャ、バラバラのため、言説転移の理論地平が領有されえなくなっている。自由でなく、無秩序。

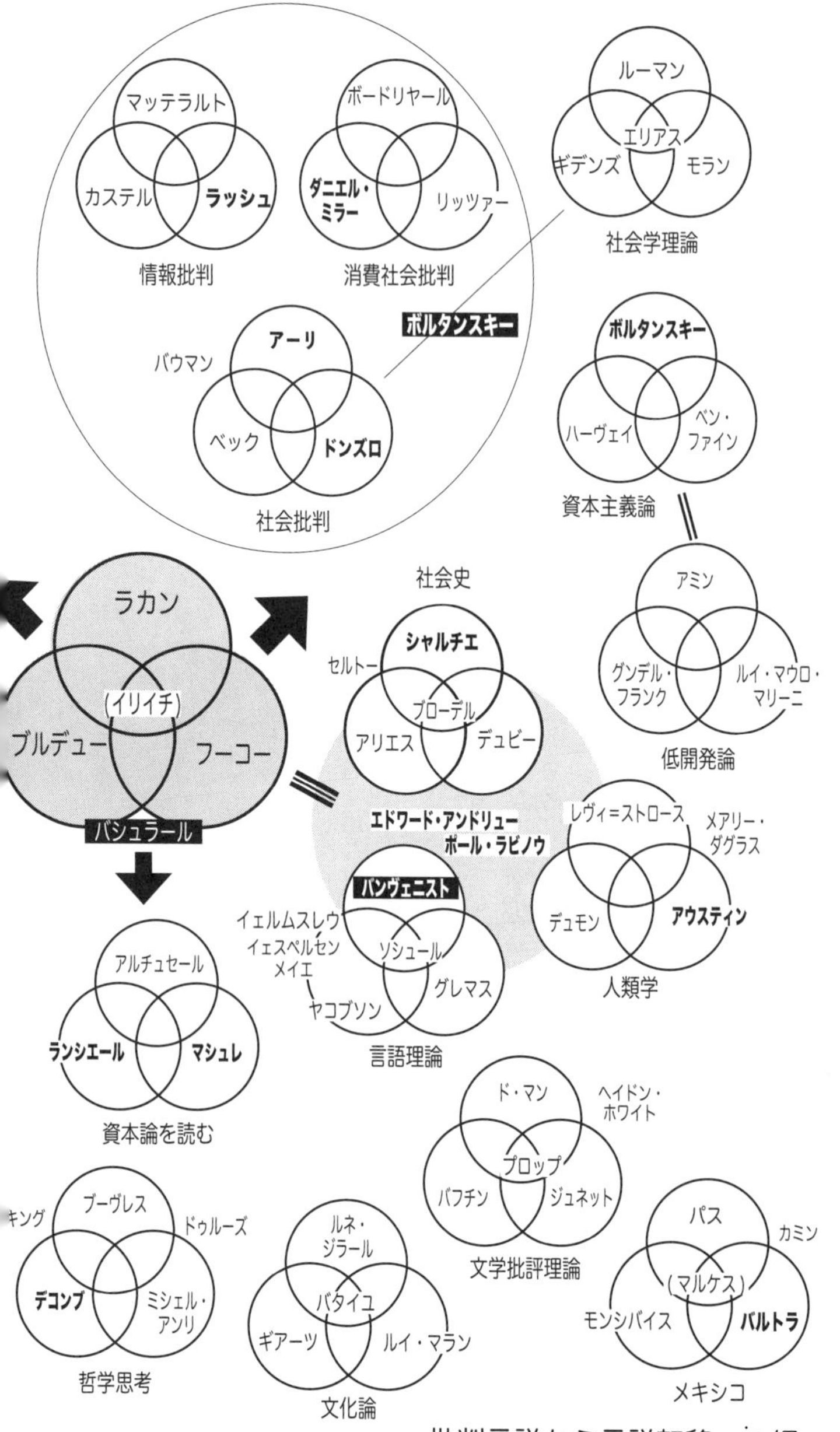

批判言説から言説転移への網

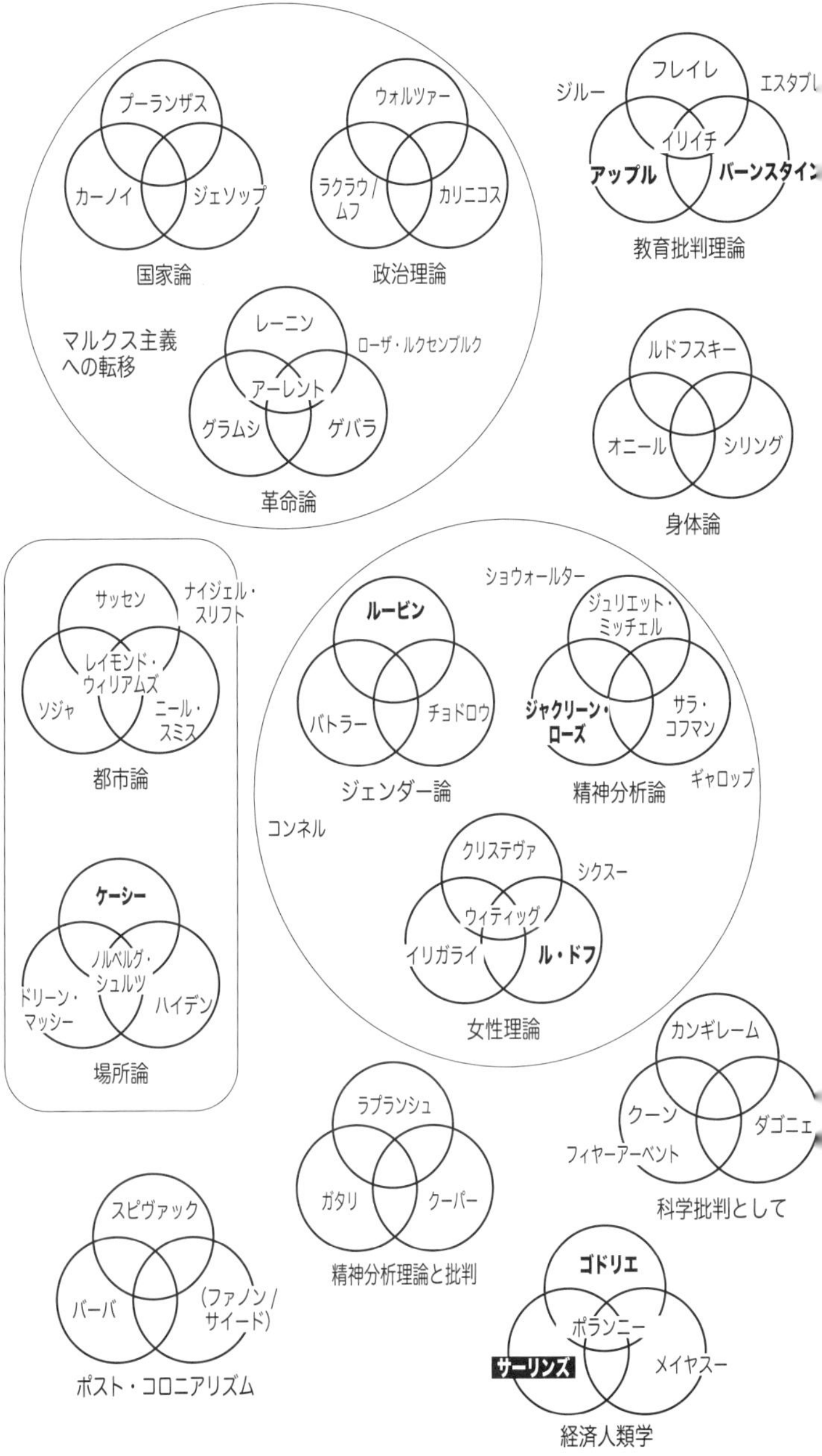

プーランザス
カーノイ
ジェソップ
国家論
ウォルツァー
ラクラウ/ムフ
カリニコス
政治理論
マルクス主義への転移
レーニン
ローザ・ルクセンブルク
アーレント
グラムシ
ゲバラ
革命論
フレイレ
ジルー
エスタブレ
イリイチ
アップル
バーンスタイン
教育批判理論
ルドフスキー
オニール
シリング
身体論
サッセン
ナイジェル・スリフト
レイモンド・ウィリアムズ
ソジャ
ニール・スミス
都市論
ケーシー
ノルベルグ・シュルツ
ドリーン・マッシー
ハイデン
場所論
ショウォールター
ルービン
バトラー
チョドロウ
ジェンダー論
ジュリエット・ミッチェル
ジャクリーン・ローズ
サラ・コフマン
ギャロップ
精神分析論
コンネル
クリステヴァ
シクスー
ウィティッグ
イリガライ
ル・ドフ
女性理論
カンギレーム
クーン
ダゴニェ
フィヤーアーベント
科学批判として
ラプランシュ
ガタリ
クーパー
精神分析理論と批判
スピヴァック
バーバ
(ファノン/サイード)
ポスト・コロニアリズム
ゴドリエ
ポランニー
サーリンズ
メイヤスー
経済人類学

ません。好き嫌いの情動が、動いています、それを拒否しません。「嫌い」には深い根拠が潜んでいるのです、無意味なものではない。その好みが、然るべき物事へ達するかどうかは、その知的資本の資本力によります。個々人において、また資本それ自体において、資本パワーは異なる、それだけのことです。私は、自分が分からないものに意味をおいてその選択をなしていくのも、深いものは、何度読み直しても色褪せない。ラカンは何年経っても、ますます意味が見つかり面白い。フーコーやブルデューはその限界がだんだん見えてきて、その穴に大きな次の意味が見つかってきて面白い。だから、読み続け学び続けています。イリイチはもうわかってしまった、ブーヴレスは分からなかったから招請までして食いついたがわかってしまったなら面白くない、デコンブは未踏、などなど。個々人で違いのあるのは当然で。どれがいいか、正しいかに関係などありません。ただ、面白く苦しんで格闘している、いい加減な仕方はしない、厳格に取り組む面白さの享楽です。身体から切り離していない享楽ですから苦闘となります。

そこには、大学言説は世界最悪の害だと政治対立をし続けていることが軸になっている。これは、メディアでの言動の知的資本や企業不祥事における言動対応など見ていて、ただただ確証になっていくだけです。国連やNATOやWHOなど国際機関の所業も、プーチンやネタニエフに引けを取らない愚鈍な大学言説の大学知性です。

「変換」には地盤変えが不可避です。同じ地盤からは同じ構造が問われないまま、概念空間を機能=制止させています。思い切った概念転換が必要です。「製造する」fabliquerにはでっちあげ/偽造の意味もあります、ゆえ、厳格にたじろがず、「真に」突き進むしかないのです。

フランス現代思想なる輸入の虚飾と実質

　構造主義の流行が日本でもありましたが、知の愉楽なる文化主義と記号主義へと流れて消滅していきました。原書も読まずに、薄っぺらな書で、レヴィ＝ストロース、フーコー、アルチュセール、ラカン、バルトなどを一括的に語るものや浮薄な入門書の邦訳でした。私の知的な闘いは、文化主義による知的理解が、社会科学的思考の転回を何も掴んでいないことと文化そのものに対しても表層の軽薄理解しかしていないことに対することでした。イリイチの研究所CIDOCの図書室や参加する関係者たちに出会いかつスペイン語訳されている膨大な知の世界に驚愕したものです。メキシコが低開発だなど冗談ではない、日本の知的世界の方が遥かに低開発でした。一九七五年ごろです。理論革命と言える知的転換がどんどん生産されている渦中でした。

　ブルデューは、構造主義を関係項への還元と安直に批判しますが、ブルデュー自身を含め、アルチュセールもフーコーもラカンもレヴィ＝ストロースも「実際的なもの《プラチック》」を対象にするプラチック理論であり、それによる考証の地平を理論生産とともに変換的に開いたことに意味があるのであって、構造概念があるとかないとか人間は死んだとかジャーゴン主義だとか非合理主義やニヒリズムだとか、似非科学だとか、そうした肯定も批判も知的なお遊びでしかないか政治的学術界の既存制度保持の権威主義でしかないものが、商業主義出版と結託しているだけの所業です。理論の意味を何らつかみえていない。ソーカル／ブリクモンの『知の欺瞞』(1997) を典型に、アメリカ・カルチャーの状況に織り込んだだけの『フレンチ・セオリー』(2003) などに至るまで、知の欺きが蔓延るのは、ただの大学知性のおしゃべりです。意味あるのはデコンヴ『知の最前線』、ドッス『構造主義の歴史』ぐらいでしかない。

　私は、パリでは社会科学高等研究院EHESSと主に接し、ゴドリエ、ブルデュー、シャルチエ、ボルタンスキー、ジャン＝クロード・パスロン、ドンズロ、デコンヴ、ロベール・カステル、ブーヴレス、またアルマンド・マッテラルト、さらにエリヴォン、ミシェル・ペロー、ミシェル・ル・ドフ、らとコミュニケート、インタビューしながらフランス理論を領有していきます。ゴドリエ、ブルデューのような構造主義に対峙した巨匠もいますが構造論以降の理論地平から見直すスタンスをとりました。とくに、ボルタンスキー、ドンズロ、シャルチエとは深い交通をなした。ジャン＝ピエール・デュプイとはメキシコのジャン・ロベルトの家でイリイチとともに愉しい談話の時間をもちました。カナダのエドワード・アンドリューとイアン・ハッキングはトロントで会うも日本へ招待してセミナーや講演をなしました。ブルデューを論じているシュスターマンやフーコーを論じているバウナウアーは日本へも招請して有意義なセミナーをなしています。いずれも私が優れていると選んだ論者たちです。

一九八〇年代後半～二〇一〇年ごろの間でしたが、もう日本の知的レベルの低次元に嫌気がさし世界線で議論していく道を選択していた。フランス語圏が中心ですが英語圏ではさらに、ジョン・アーリやスコット・ラッシュ、バジル・バーンステイン、カリニコス、リンダ・ハッチオンらと交通しました。ジャネット・セイヤーズ、エリック・ダニングなど他にもたくさんいますが、有意義だった学者たちです。メキシコではオクタビオ・パス、アウスティン、モンシバイス、カミンたち。

先に述べた第一の仕方は、アルチュセールによるマルクス解釈の「理論プラチック」の仕方を身につける訓練としてなしました。ヘーゲル哲学を経済世界の考察に使うマルクスの仕方の理論技術の領有です。そこから、バリバールの教条的マルクス理解とランシエールとマシュレのマルクスの不備さの理解との決定的な違いを掴みます。時期的には院生時代です。『資本論を読む』と『プール・マルクス』への徹底した学びです。訳書と原書との突き合わせですが、アルチュセールとバリバールだけをまとめた邦訳しかなく、ランシエール、マシュレ、エスタブレの論稿の邦訳はなかったゆえ原書での格闘でした。まったく新しい理論行為を知り領有できました。これは既存のマルクス主義（ルカーチ、ゴールドマン、マルクーゼなど）から脱する基盤になったものです。そして、pratique théorique が「理論実践」と訳されていることにおいて、自分が了解している「実践」概念とことごとくズレていく違和感を強くもった。

イリイチの研究所で、ブルデューを知ります。そして、西訳でブルデューを読み、そのロジックに驚愕、またフーコーのセクシュアリテの第一巻が西訳ですぐ出て、権力論・政治理論であるのを知って驚愕。イリイチ理解とともに、この三つを同時的に深く読む作業が、新たな教育理論の読みとともに留学中に進められます。共通した知の地盤替えを知ったときでした。三者の教育批判が共有項でした。つまり、教育なる対象の外部に、彼らの共約不可能な個別言説がある、しかし、その各言説の外部に対象として実定化されているものにおいて共約可能な界があり、そこで意味作用は相互に関係を働かせている。教育が学校化され制度化され規範化を権力作用させ象徴暴力を働かせていることが把握されます。共約は内部にあるのではなく外部に〈外―意味〉として〈外―存在〉しているのです。

これらの言説理論に照応して、マーシャル・サーリンズのゲラを、メキシコのコレヒオに客員としてきていた山口昌男氏からいただき、そこで一挙にモヤモヤしていたものが溶けたのです。レヴィ＝ストロースの『野生の思考』に「プラチック」論がプラクシスと区別され、概念スキームの転移が思考技術の規準になっているのを領有します。認識理論と実践論との直線的な関係問題ではないという次元です。そこから、〈pratique〉が対象にされている共有地盤だと見つかっていきます。ブルデュー、フーコー、イリイチの共有的世界を領有した段階です。サーリンズが領有されなかったなら、第一の仕方のままに私はとどまって、新しい教育理論一般の整理で終わっていたでしょう。米国でも〈practice〉の概念化が始まりつつあった。ギターの練習でしかない言表であったからです。仏語の〈pratique〉は日常語としては旅行ガイドです。「実践」なる意味は原語にもない。アルチュセールは『再生産について』で、〈pratique〉を新しい概念が配置されたと述べています（なのに邦訳書は、私の指摘を知っていながら、ブルデューやフーコーではそうかも知れないがアルチュセールでは「実践」だと、何もわかってない）。

大学教師になって、この共有的水準の了解を「プラチック」論として深めていくことになります。アルチュセールの再生産論やイデオロギー論もプラチック理論だったのです。

ここから、私は現代思想の文化主義的理解に対峙して、現代思想を社会科学理論転移として自己領有し、かつその文化普及を戦略配置しました。フランス現代思想理解が知の転換となるには、この〈pratique〉（実際的なもの、実際行為）が「実践」概念と切り離されない限り「絶対的に」ありえないと言えます。この了解のない限り、言説理論は理解もされていないと断言します。あまりの無知です。

そして、企業との協働研究をなしながら、商品経済の土台にある〈資本〉を企業が忘却していることに気づき、文化資本論を協働で言説生産し、ブルデューが構造化する構造としてしかつかんでいない諸資本を「構造化する構造」としてポジティブに配置する、第三の仕方へと入っていくことになります。概念転移しないと今ここでの現実を把捉できないということです。このとき、ラカンへと入っていく通道が開かれた。Lシェーマの図式が資本関係の構図であることで、経済現実へせまれる実感が確信へと深められます。文化資本論を抽象だと言っているような大卒知性は経済そのもの企業自体をも何ら見れていないで商品生産しているだけです。そして、ボルタンスキーやシャルチエやアーリなど、先に掲げた多様な考察へと総体的に取り組み、この三つの仕方を相互交通させながら、ジュネーブで「国際学術財団」を設置し、理論転移総体を六年間かけて自分へ領有する。ジュネーブ、パリ、ロンドンと行き来しながら徹底して学び整理した、二〇〇〇年をまたいでの総括です――『哲学の政治 政治の哲学』一五〇〇頁で、単行本にすると十六冊になります。自分がなしている作業が彼らと同じ水準にある確信を得ながら、彼らとの国際セミナーをなしつつ交通も深めていった。「社会の実定化」を問う問題提起を彼らになします。十勝での協働プロジェクトから西田幾多郎の場所論の領有が軸になって、さらに日本語での述語制言語の発見にいたり、矢野雅文氏の科学論と対話しながら、そこから近代学問体系を転移する目標の地盤確定がなされて、今に至る。述語制・日本語に関してはパリにいた今は亡き浅利誠氏と膨大なメールのやり取りをして考えを深められた。

三つの次元の違う知的資本の領有作業です。一つの知的資本作用からでは、概念転移はなされません。基本 fondamental、活用 usage、転移 déplacement の異なる知的思考の行使です。大学言説は第一の試練しかなしていない。第二の外部性、第三の存在に考察をなしていないのです。欧米で第三の転移が起きると、それを第一の仕方へ後退させて解釈理解するだけであり、日本で第三が固有になされるとアカデミズムに即していない出鱈目だと排除します。第二の試練を力量不足と怠慢で為せていないからです。現代思想の領有は、誤認の累積でズレたまま、いまだに大学では領有されていません。この喪失は甚大なものです。雑誌『actes』を刊行してエピステーメ転換の世界を示し、あまりにもの未邦訳の停滞を指摘しましたが、現在その邦訳がかなりなされているにも関わらず、第三に対して第一の理解の仕方でなすため、近代知のままで誤認されるだけになっている。そこに三流の海外思想の導入が知的流行でなされて消えていく。主知主義の消費波及です。

この間、一九八六年に河北秀也氏のデザイン・ディレクションで『季刊 iichiko』の単独編集を任され、超領域的専門学術として地道に世界線での言述生産を優れた論者の方々の執筆協働でなし、三十八年を超え、もう164号ですが、まだまだ研究編集したいことがたくさんあります。

現代思想が万能であるのではない。間の穴は膨大に残されたままです。決定的なのは言語理論の地盤です。世界的に主語制言語様式のままなのです。すると客観への総合の擬似科学のまま、マルクス主義的思考が知的資本としてそのまま暗黙機能し続け、なしもしない実践論がイノベーションで提示され、飼育的強制の規律が組織内で押し付けられている。停滞した大学で、海外で学んだ若い研究者たちが萎縮させられていきます。

現代思想の領有は、少なくともブーヴレスとハッキングによる批判考察を媒介的にへておかないと、つまらぬ相対主義へと横滑りする。

現代思想の欠落の穴は文学世界です。日本に哲学言説は希薄ですが、文学・物語言説が膨大にあり、これらは述語理論でない限り解けない。藤井貞和の文法詩学が、媒介的な導きになってこれから開かれていくでしょう。氏は私を言語哲学者だと指名された。応えていかねばならないと覚悟を決めています。「物語」論として海外でもヘイドン・ホワイト以降進歩していますが、述語制言語表出である日本言語の物語・歌謡・文学を対象にすることで、知的資本を地盤と軸において転換・転移する新たな哲学・思想の地平がエピステミックに開かれうると見ています。ポール・ド・マンの批評理論の固有の格闘は重要。私はヤコブソンではない、バンヴェニストとグレマスを重視します。

マルクス主義の客観主義と実践主義の功罪

私の学生時代、理論的なものはマルクス主義しかなかったと言ってよい。日本のマルクス主義はロシア・マルクス主義を脱して世界レベルだと言えますが、ウル・マルクス研究が卓越していた。海外のものは、マルクーゼの流行から、コシーク、ルカーチ、ゴルドマン、レイモンド・ウィリアムズ、そしてアルチュセール。その後、マクレラン、ハーバマス、ピエール・マシュレ、バリバール。そして、低開発理論としてのアンドレ・グンデル・フランク、サミル・アミン、ドス・サントス、ウォーラーステイン。レギュレーション学派の登場。歴史学のホブズボーム、次に、国家論のボブ・ジェソップ、マルティン・カーノイ。資本主義論のデヴィッド・ハーヴェイ、政治理論のラクラウ、ムフ、アレックス・カリニコス。文学批評のテリー・イーグルトン、ラカン的マルクス主義のスラヴォイ・ジジェク。帝国論のネグリ／ハート、

ブーヴレス『哲学の自食症候群』法政大学出版局。
ハッキング『知の歴史学』岩波書店。
ヘイドン・ホワイト『メタ・ヒストリー』作品社。

と継続的に出現している。翻訳も結構早い。理論地盤に変化はないため概念空間が固定していて基本言表は定まっており、翻訳しやすいのと、また大学アカデミズムと出版における関心は何よりマルクス主義にあるため、遅れている状態はあまり感じません。マルクス主義者以上にマルクス主義理論を私は理解していると思いますが、究極アルチュセールとマシュレ以外に意味を見出していないものの、なかなかマルクス主義的な規定性から脱しきれずにいました。フーコー、ブルデューによって切り離そうとしましたが、学生時代に知的に領有されてしまったものはそう簡単には剥ぎ落とせない。唯物論は哲学としてかっちりしているからです。院生時代は社会主義研究、革命研究をしていたため、マルクス主義理論に没頭しながらフーコーを慰めの逃亡的に読んでいた。サルトルには嫌悪しか感じない。メルロ=ポンティの方が遥かにましです。

基本マルクス主義は、マルクス、レーニン、グラムシそしてローザ・ルクセンブルクの言説界から出ていません。資本主義論への根源的な転換はなされていない。アルチュセールだけには転移的なものがありましたが、バリバールは教条主義的マルクス主義へ退行します。現在世界の分析としてマルクス主義に有効性はもはやないと私は断言します。社会批判理論は構造論的な媒介を経て進化し、社会構築主義となってマルクス主義からは離反してます。しかしブルデューのマルクス主義批判はその理論ならざる理論効果だという次元以上のものではない。またマルクス主義は言説理論を持ち込みさえします*。

マルクス主義理論は、資本主義経済社会の批判分析において経済決定論的な客観主義を科学とし、土台・上部構造の社会構成体を実定化したままです。そしてそれを定型的な階級構造として把握し、階級闘争の実践によって国家権力奪取をはかる政治理論となっているだけです。客観主義とそこに従属する実践投企を正当化する。実践が現実変革を可能にすることを全体化させる。これが「実践」主義としてマルクス主義を知らない知的世界一般にも概念化されています。実際に闘争してみればわかりますが現実の不可能に直面していくだけです（『政治資本論』参照）。実践を観念でしか見ていない。この功罪は大きい。現代思想の邦訳のほぼ全てに浸食している。

アルチュセールも、突如と脈絡なく階級闘争を主張します。キューバ社会主義を実証しながら何の役にも立たないと実感。ましてメキシコ革命の実証研究で

* ラクラウ/ムフが典型ですが、言説と言説的なもの the discursive を区別し、全体・部分、意味・無意味、統合・非統合など、抽象と具体など既存の二元対比へ言説をへし曲げてマルクス主義言説を補充するだけです。Jacob Torfing, New Theories of Dicourse: Laclau, Mouffe and Žižek, Blackwell, 1999 などはその典型でした。何ら新理論ではない。

無効でしかないことの確証です。教育理論においては まったくに意味がない。制度生産における生産者の生産・再生産、恣意的なものを真理正当化する知識生産（教科書や試験・評価、教育労働）の文化的再生産など何も考えられていません。ですが、こうした再生産概念はマルクス主義からの移入です。つまり、基本概念の地盤転移はなされていない。これが、私のぶつかった壁でした。学校・教育批判を論述したが教育理論の書を私は書きえていません。フレイレもアップルも、マルクス主義の地平を脱せていない、ブルデューの教育「再生産」理論もマルクス主義の地平を脱せてはいない。これらを踏まえたヘンリー・ジルーがマルクス主義にとどまった根拠です。唯一バジル・バーステインのみが無縁な固有さとして脱せています。

マルクス主義批判を経ていない現代思想領有は、マルクス主義以前へ戻ってしまう規制を受けるほかない。対象への切迫感がない、ただの教養です。唯物論的規制と弁証法的論理を超克しえていない。客観考察は唯物論と癒着します。哲学的貴族主義だとブルデューは言う。ここを超え出たのはラカンのみです。デリダのロジックはマルクス主義とは「別物」の単純すぎる事象解析の哲学的詳細の饒舌でしかない。

なぜ、マルクス主義の規制性から脱せないのか？「社会の実定性」を脱せていないからです。所詮、社会的諸関係の批判考察をなすにとどまっているためです。それは社会肯定性と同じ地盤に立脚して、理論差異ではなくイデオロギー差異を表明しているにすぎない。実際世界では官僚や企業組織の方が、左翼よりマルクス主義的な組織管理、実践をなしています。

知的資本Xには、カントやフッサールの超越論的経験主義・現象主義やヘーゲル弁証法など、近代哲学の総体が背景にある。しかしそこへの批判は、もう思想・哲学・学問体系の地盤の転移として、世界ではすでに実際になされていることです。その主要なものの地盤は、思想史／哲学、歴史学、言語理論です。そこから派生して、社会学・教育理論・ジェンダー論・経済理論などが一九七〇年代から八〇年代においてほぼ総体的に理論生産転換がなされています。社会科学的転移としてそこを把握しないと、ただの文化主義のおしゃべりになるだけです。

詳しくは各資本論において述べます。歴史資本論⓰、言語資本論⓲などにて。ここではほんの概略ガイドを述べました。文献も膨大にありますが、ここではさわりをあげただけです、ご容赦を。

フレイレ『被抑圧者の教育学』亜紀書房。
アップル『教育と権力』、『学校幻想とカリキュラム』日本エディタースクール出版部。
ジルー『変革的知識人としての教師』春風社。

場所設計の変換資本

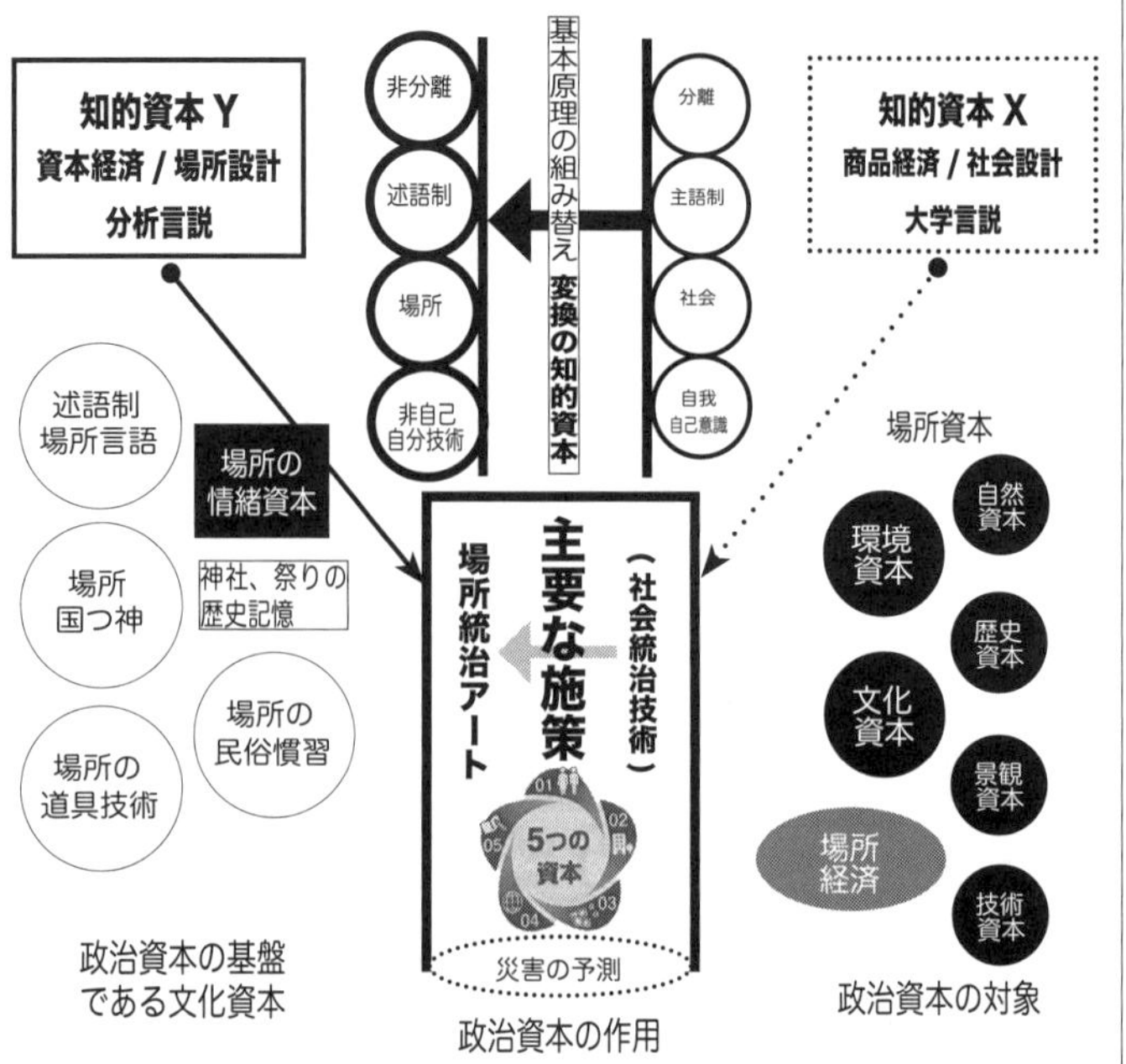

場所設計への変換の知的資本／政治資本

政治資本論において述べましたが、実際の場所政治として、上図の場所資本と左側の場所世界は実在しているのに気づかれていません。つまり可能性を開く変換の知的資本に配置されていない。社会空間に配置されてしまって、場所資本として認知されていませんが、歴史的にも実際現実としても「在る」のです。場所統治の主要な施策には、それが潜在しています。これを打ち出す場所設計が、場所＝街を資本として捉え直すことです。

磐田市の草地市長は、二〇二五年以降の市政経営として街の「資本」を活かすと、五つの資本経営（ひと、もの、お金、情報、文化）を打ち出されました。画期的な政治資本の作用です。磐田市は松下大三郎の生地であるのも、因縁深いですが場所文化資本です。真正の「変換の知的資本」の働きが、場所の情緒資本とともに住民や市職員において自ずとなされていく希望が見えます。

7 述語制の知的資本：日本文化資本の普遍性

ラカンやフーコー、ブルデューなどを邦訳で読んでいると、いつも違和感におそわれます。原書で読んだ時と反対だ、とさえ思えることが多々ある。それは理論の核や地盤に辿り着いていないため、その理論化を支えている＝構成している基本用語への注意のなさというかほとんどの無知、ないしつまみ食いの知識でなされていることで、別の概念空間に無自覚に覆われて、地盤がずれ理論空間が転倒さえしてしまっているからです。概念構成に規制的に働いている言表化がただ語として辞書訳されている。それは、大学人知性の仕方によって、概念要素の実質と配置がずれてしまっていることから起きている理論的誤認であるため、始末が悪い。「誤訳だ」では済まないものが知的資本として組み立てられてしまっているのです。既存の思考世界にいる人たちにわかってもらおう＝買ってもらおうという商業主義出版の意図もそこに絡んでいる。

他者を無知だという自分はもっと無知であるのですが、無知ゆえ知ることの不可能さには敏感です。真理が半分しか言いえないことは自覚していますので、だから鵜呑みにはしないし、原書の行論を自分であえてずらしたりはすかいにみたりして了解の水準を深めて、自分の理論生産に活用しています。それは、マルクスからいちばん学んだことでした。フォイエルバッハやプルードンやリカードやアダム・スミス、ジャン＝バティスト・セイなどへの「曲解」はよく指摘されますが、大学言説のシニフィエからの「正しい理解」規準からの批判でしかない。大学知性は解釈の正しさに慎重になっていますが、その正しさの規準に何が作用しているかに気づいていない。これは学生の頃から、自分が読んだマルクスと大学教師たちが講義するマルクスとが全然違うではないかという体験以来変わっていない違和感です。狭い自分の専門以外のことに実に大学教師たちは不勉強です。シニフィエ体系を正当化している言説に立脚して、原書自体も読めていない。当時、ウル＝マルクス研究の文献主義が種々表明されてきて（廣松渉、平田清明、望月清司、花崎皋平、山之内靖など）自分なりに理解していたことさえこんなにも違うのかと驚き、大いに学びましたが、やがてそれさえ疑わしいとなっていきます。「理解」という仕方そのものの限界に気づいていきます。認識論的思考では了解はなされないためです。

私は、イリイチの研究所で、物事を考え知るということにどれほど膨大な読みがなされているかに驚きましたが、日本の水準の低さに同化してはならないと、自分へ言い聞かせました。しかも、常識や制度化された知をひっくり返す思考の可能性がありうること、それが現実をその実行当事者たちよりもつかんでいることを知った。知の不可能作用が可能条件へと転じられていく仕方を学んだと言ってもいいかと思います。変化、変換、転換、転移が私には最も掴みたいことであり続けています。「この現在」＊は未熟さに溢れ、それに強いられ従属させられることへの反発／抵抗です。したがって、私には転換・転移への不安もないし、自分の考察が受け入れられないことへの恐れもない。いずれわかるであろうと、日本の知的状況などに囚われずに、自分の言述生産をし続けています。状況はそのようであるとしても、それは現実ではない状況であるか、偽りの上に建った状況でしかない。そこでの非受容、拒否、排除を気にしても意味ないことです。ちらっと、ちょっかいだすぐらいで止めてます。それより世界最先端の理論言説に取り組んでいた方が遥かに意味があり、日本での権威確立などに何の価値もありません。

さて、口上はそのくらいにして、なぜ、理論言説の導入が翻訳においてずれてしまうのか？　その最大の根拠は言語構文の根源的な違いから必然にもたらされてます。日本語に主語はない、動詞と形容詞の区別もない、「はもとがへにを」などの述辞と動述辞とによって意味が決定されます。自立語は指示しているだけです。

なのに近代西欧言語は、主語が中心で、主語に全てが従属して、主述一致が論理を構

＊ 日本の現在社会は、資本主義というより社会主義に近い社会的特徴を有しており、資本を喪失した商品・サービスの充満した「産業的＜社会＞経済」の「商品・労働集中社会」と私は概念化しています。

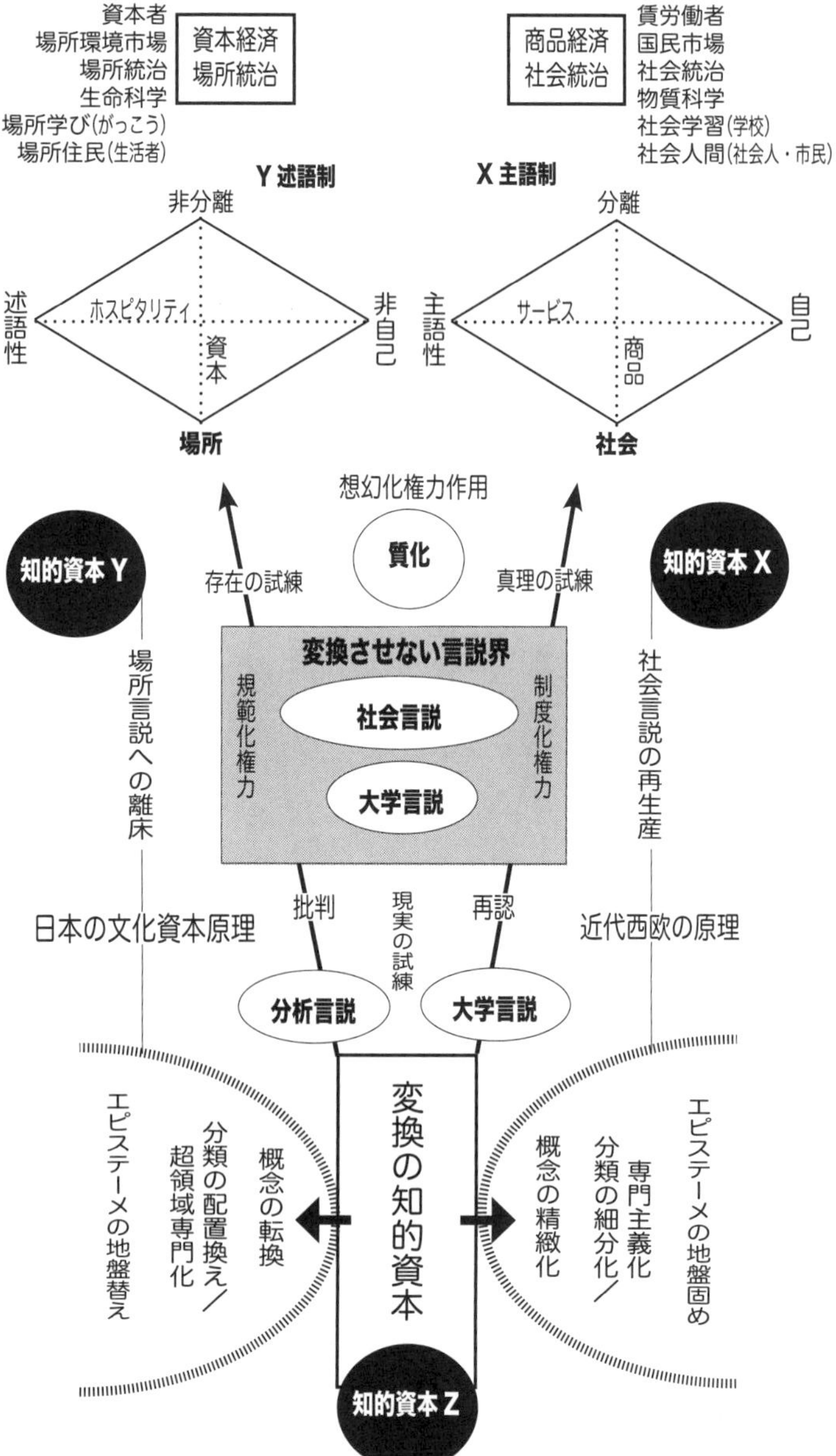

資本者
場所環境市場
場所統治
生命科学
場所学び(がっこう)
場所住民(生活者)
資本経済
場所統治
商品経済
社会統治
賃労働者
国民市場
社会統治
物質科学
社会学習(学校)
社会人間(社会人・市民)
Y 述語制
X 主語制
非分離
述語性
ホスピタリティ
資本
非自己
場所
分離
主語性
サービス
商品
自己
社会
想幻化権力作用
質化
知的資本 Y
存在の試練
真理の試練
知的資本 X
場所言説への離床
変換させない言説界
規範化権力
社会言説
大学言説
制度化権力
社会言説の再生産
批判
現実の試練
再認
日本の文化資本原理
近代西欧の原理
分析言説
大学言説
エピステーメの地盤替え
分類の配置換え／超領域専門化
概念の転換
変換の知的資本
概念の精緻化
分類の細分化／専門主義化
エピステーメの地盤固め
知的資本 Z

成する命題形式となっています。その模倣から間違った文法化が日本語でなされている。

日本語に主語がないことをはっきりと簡明にわかりやすく指摘主張したのは金谷武洋です。そこから、当人と交通し合いながら、三上章、佐久間鼎、松下大三郎と遡り、宣長ではなく富士谷成章にまで至って、述語言説史として私は確認している途上です。そこから、知的資本は、**主語制の知的資本**と**述語制の知的資本**とでは、構文原理が全く違い、その理論言説の編制も哲学的にまったく異なることへと確証的に辿り着きました。

知的資本Yは日本文化資本そのものの言説行為です。

X　主語制の知的資本：主語性、分離、自己、社会

Y　述語制の知的資本：述語性、非分離、非自己、場所

です。述語制の世界Yは『哲学する日本』で把握明示しました。これは決定的です。この識別は、意味されたものが違うというのではなく、構造と機能が違うことになっています。仕方も影響も結果も違う事になる。この二つの知的資本においていちばん大きな違いは、主語制では〈sujet/subject〉を「主体」「主語」と訳しますが、述語制では「従体」「従語」と訳されます（そのように私は転移した、sub-に「主」などの意味はない）。概念空間が同じ言表なのにまったく違うことになります。〈sub-〉は、「従」が語の本来の意味ですが、

主語制によるシニフィは「主」と理解される概念空間にある。凄まじい転倒です。

いずれこの識別がリフレクションされ、Yが常識となるのは必然ですが、フーコー四辺形に応用すると前々頁図にようになっています。これまでの論述をまとめた図です。

Xの割り当て／帰属は「主語制」、分節化は「分離」、転移は「自己（自我）」、派生は「社会」です。その内部編制は社会が実定化され、商品とサービスが実際行為されてます。

Yの帰属は「述語性」、分節化は「非分離」、転移は「非自己」、派生は「場所」です。

Xの「分離―社会」の対角線に「商品」、「主語性―自己」の対角線にサービス関係技術が配置されます。これは、しかし、何が問題なのかを見えなくさせる作用です。

Yの「非分離―場所」の対角線に「資本」、「述語性―非自己」の対角線にホスピタリティ関係技術が配置されます。欠けているシニフィアンを浮上させます。*

かかる基本的な言説論理は、フーコーの『言葉と物』の言述でそのまま示されうることですが、私の理論言説の行程で論じなおしてきたものです。この「知的資本論序説」においては、XからYへの「変換 tranfert」がなされることにおいて何が起きて「いくのか／いるのか」を主軸に考察しました。誤魔化しに対峙する「変換の知的資本」の作用です。

Xの原言説はデカルトの『方法序説』(1637)、Yの原言説は宮本武蔵の『五輪書』(1645)に典型的に、対比的に語られている。明証に違いが浮上します。武蔵は武術的哲学です。

* 生成AIが、いかにも新たな可能性を開いているかのように語られていますが、開発者たちも使う人も知的資本Xにおける統辞的な欠如を言表補充しているだけです。生成構文のままで、単語＝名辞が入れ替えられているにすぎない。すると人間的特徴は、AIの確定性に対して人間の不確定性にあると、転倒したバカなことを「工学博士」たちが大学言説のままで述べたりする。ランガージュや言説が何もわかっていない。自律AIは、述辞シニフィアンを情報生成技術化しえたなら知的資本Yとなりえるか。

そして、思想史的に長期波動として眺望すると、述語制の地盤の上に主語制が離床していったと言える。「これは本だ」は、主語言語ではないが、学校文法が主語述語だと偽りを教えることが可能になるのも述語制の力である、ということです。そして、金谷武洋が指摘したように英語にも主語はなかった。世界言語の八割は述語制言語であるとも言われます。「述語制」とは私の概念ですが、主語など必要としない言語表出のことを指します。この比較による相互関係の理論言説の生産が要されるが、すでにイェスペルセンやメイエの言語史、言語理論を読み直していけばそこに記述されている、とだけ言っておきます。フーコーが明らかに参照したであろうという考証です。「言語資本論」⑱にて論じる。

日本語は曖昧だ、などという見解は、主語制言語が厳密だという誤認からもたらされている非理論的な判定でしかありません。「僕はうなぎだ」「こんにゃくは太らない」のよく取り上げられてきた言述表現は、曖昧な誤りでも省略でもなく*、深い論理に支えられている、それが抽出されていないだけです。その述語制の表出理論が世界で不在なだけです。述語制の想幻化はシニフィエのないシニフィアンスで、そこに潜んでいるシニフィアン、対象aから名づけられていく。日本の文化資本の蓄積の中に答えは潜んでいる。日本の述語制文化資本は西欧的普遍性以上に普遍的です。述語制の知的資本がそれを探究しながら、知的資本自体を磨き上げていく。それは目の前にある物事、現実自体です。

* 森有正は、このうなぎ文をあげながら実に困った言語だと、平然と日本語批判しています。仏語が論理的だと思い込んでいる。ラカンがどれほど認識論が曖昧であるかを論じたことへの無知からでしかない。仏語圏にいながら読んでさえいない、似非西欧主義です。

「変」「転」の意味

XをYに変換する、XをYに転じる／転移する、ということは何を意味するのか。「変換」と「転移」とはどう違うのか。英仏語の言表でも問われることです。<trans->と<dé-><dis->の違いです。

「変」は、変化、変更、変容、変革、変換、変人。「転」は、転換、転移、転回、転倒、転向、転校、です。ともに多様に使われていますが、ほとんど近代での造語でしかない。

「かえる」は、変える、帰る、替える、還る、代える、返る、飼える、買える、換える、孵る、改える、反るなどと多義にわたる。どれも別なものになることが含意にあります。帰るも行くと反対の別ごとになるし、買えるも売るの反対です。

「ころぶ」は、転ぶ、しかない。同じものがなす動きです。

つまり、XとYを、同一性においてみなすか、差異性においてみなすか、その同時的遂行の移行が、XをYに「変える・転じる」としてある。同一性とは、同じ四辺形にあるということであり、差異性とはその頂点の「帰属」の関係要素が別のものに転じる／入れ替わることです。ここは、「変」ではない「転」です。つまり、「転」は全体的体系が転ぶこと。「変」はある一部の動きです。そこに「換」が付随させられ、意味が拡張します。

白川静の『字統』によれば、「変」とは不変のものに対峙してそれを破棄変更する、変乱の意である。転は、まるいもの、めぐるもの、運。還、車輪の転運することとあります。『字訓』では、表裏をかえす、変更するが「変」で、「轉《かへ》る」のような意味もある、と同義的です。

trans-とは、変換器のように、入力と出力が違ってなされること、数学的には写像です。transitとは、物を別の場所へ移す交通です。つまり、移動している。<de-><dis->は、同じものにおいて別状態になることです。dé-placementは場所づけが転じることであり、dis-positionは位置が入れ替わること。かかる概念の理論様態は、フーコーやブルデューにおいては厳密に使用されています。エピステーメは、déplacemntされるのであって、dispositionされるのではない。認知構造はdispositionされるのであってdéplacementされるのではない。

X知的資本をY知的資本に「移動」するのですが、transformationするのではなく、changeするのでもなく、transferする。それよって、体系がdéplacementされるのを意味する。そこで、四辺形の内実がdispositionされ入れ替わる。

知的資本の転移は、知的なものの入れ替わり、その結果ないし効果を伴う。

知的資本の変換とは、知的資本を変えていく動きの移行・移動です。

そこにおいてなされているのは、言説効果 effet du discoursの違いをもたらす言説機能の移動です。Xの言説効果とYの言説効果は違います。

分離が非分離に入れ替わることで、主客関係、「自然―人間」の関係が変わる。主客は分離されない、人間／自然も分離されない、従って客観への総合という真理生産はなされない。代わって述語的包摂がなされる。

自己が非自己に入れ替わることによって、自己はそれ自体として自我分離されずに（また、自我理想と理想自我へと疎外分離されずに*）、述語的環境の中での「自分＝自己＋非自己」となっており、〈もの〉がそこに配備されます。「自己が悲しい」のではなく、「物悲しい」のです。風景が客観的に寂しいのではなく「物寂しい」。主観的にいさましく振る舞うのではなく、「物怖じしない」。パッシブ的です。「物怖じする」も受動的反応、つまり述語的反応です。恐怖ではない。

社会が場所に入れ替わることとは、社会空間という均質・均一の想像的空間があるのではなく、多様な具体的な現実の場所があるということです。この多元性を、知的資本Xは場所のエゴだと混融させてしまいます。これらの関係から構成される内実が、別なものへと入れ替わることは、中軸に働くものが入れ替わるのを意味し、それが消却・消滅することではありません。商品中心が資本中心になることであって、商品がなくなることではない。

いちばん大きな変換は言語転換です。主語制の知的資本では主語が一義的に物事を従えていく仕方ですが、述語制の知的資本では多様なものが述語様態へ包摂され、述語規定自体も膨らんだり狭くなったりする。風呂敷をイメージしてください。どんなものもその大きさの範囲で包めます、風呂敷の側が変化する。ですが、カバンは大きさ・形が決まっており、入れるものによって変化しないし、カバンに合わない別物は入れることができない。主語制と述語制とでは関係の仕方が反転するのです。主語が統率する仕方と、述語が統率する仕方です。構文の意味化では、主語制は初めから終わりへ、述語制では終わりから始めへ。

この二つを決めているのは、ランガージュの違いと、言語／概念空間の違いから結果している

*「自我理想 idéal du moi」は象徴的な取り込み introjection symboloque、「理想自我 moi idéal」は想像的な投企 projection imaginaire の源泉です。(S.VIII, p.418)

道具技術の違いにも現れます。文化資本として異なっています。そこから、表現の仕方、行為の仕方、制作の仕方、つまりは創造の仕方と実行の仕方が違うことになる。概念構成が異なる、その概念コードが実際行為と実践とを規制する。レヴィ＝ストロース、マーシャル・サーリンズが明証に示したことです。認識の仕方の違いはそこから派生することでしかありません、概念スキーム／コードの違いが決めていくのです。しかし、コードとは曖昧なもの、不可能なものでもありますが、武士制ごろに物質化された述語制のコードが歴史的に本質的に「在る」のです。

そして、エピステーメの地盤が転移される。「知的資本論」にて述べています。

XをYに転じることは可能か？　可能です。いや、そうしないと社会規範の作用の障害、商品経済の利潤追求の限界、統治の不十分さを脱していくことはもう成せない水準にきています。企業経済経営は、この転移をなせないと先行きは危ういと断言してもいい。資本が機能せずに経済など成り立たないからです。大学は変わりようがないゆえ、新たな高等研究システムを別系に創設することです。知的資本を入れ替えることで、限界からの淀み・滞留を回避できます。新たな構築に要される文化資本は、知的資本と情緒資本との双方から営まれていく資本です。

知的資本は、言説の体系、その使用に機能するものです。いかなる言説に立脚していくか、それを知の行為に使うことですが、述語制言説の知的資本、その概念、方法、技術、理論、そしてテーマ戦略です。しかし、知の審級が浮かび上がる原初的な分岐に、シニフィアンに変換されるべく器官の断ち切りがなされ、シニフィアンが欠如している点でのシニフィアンしか書かれないという閾は、まだ不問に残してです。知るほど、知らないことが浮き出てきます。

【補記】知的資本のマネジメント／経営

いかなる知識を持って個人パーソンが経営するかではない。いかなる知的資本／言説構造を組織機能させるかです。言説構造は放出する、機能はそれを制止する（これさえ大学言説では逆転されている）。資本とはその関係作用の力能です。

つまり、言説の効果は集団や組織の内部性において作用しますが、知的資本はその内部性と外部性とのレギュレーションに関与するということです。それは、資本経済が、流通・分配の次元を、商品の物流だけで見るのではなく、環境・場所として生活の市場において関わる経済活動である、ということを意味します。「市場」とは経済空間ではない（カール・ポランニー）！　さらに仕事するワーカーたちの文化資本力が問われます。商品経済の労働は、労働力の生産性を構成するだけで、「生産者の生産」を外部に放り出しているか社内教育として企業活動に必要なものへと限定しています。一日の三分の一が自分では無いことをさせられる仕組みですが、その給与が自分の生存を支えるゆえ人々は耐えています。

知的資本マネジメントは同時に知的資本プロデューシングをも遂行していかねばならないのですが、多分にプロデューシングはマネジメントとアドミニストレーションに従属されて、社会規範遂行へと転じられている。つまり、マネーに責任を持たない賃労働者の社会規範的な遂行に押し込められています。人のありようは人事管理に押し込められている。マネーは、予算獲得か予算消化でしかない状態にされている。よくて、消費家庭で、扶養家族手当の税金規制への管理をなすぐらいです。そして、細々と株の投資稼ぎをしている。まるで馬券を当てるかのように。投資というよりお金稼ぎです。マネー経営、その責任から疎外されている仕組みとなっています。これは、生産諸手段を奪われていることではなく、賃労働者として自発的に従属していることであり、その見返りに労働保障がなされます。

大学教師なる賃労働者はその典型で、それが資本主義は搾取だ、あげくに資本は悪だ、などと知ったかぶりになっている。活動が、知的活動を含め、抑圧されたものの不透明さに関連していることへの自覚が喪失されるシステムに置かれているのです。大学経営／マネジメントは知的資本Xでなされているだけであり、言説や科学の発見―創造から必ず遅れたシニフィエに安定化された知でしか運営されません。動きを回避して、秩序安定させているだけです。必然に枯渇していきます。

　知的資本とは、とくに経済活動に関わっているとき、抑圧されたものの諸効果を決定的に超越する活動は無い、ということを知っておかねばなりません。その活動の地平が、幻影を構造化している、主体＝従体は溶解して姿を消し、ただ対象aと関係して（$◇a）、想幻化による幻影に包まれています。学問は自由だという幻影の、管理強化された環境の中で。この大学言説から産出される知は、そうした次元から一歩も出ていないものです。その大学の下で知を獲得した大卒人間が企業組織幹部／行政官僚となって、主語制の知的資本Xによる企業経済活動、官僚行政活動をなしている「社会」です。それは、もう目的に反する結果をもたらす逆生産性の閾に入っています。

　新たな知的資本の領有は大学言説からの脱出、大卒知性の超克、それが致命的な意味を持つ段階に、日本ならず世界にも要されていることです。

　知的資本Yは「真にvraiment」なすことから離れないことです。「真に」を前提し、「真」なる水準に自身をおき、転移がなされていく場所に「真に」在るべきことです。知的資本の転移が技法上機能していき、理論化されるや否や、多様化や対立が生まれます。「真に」対して、それを揺るがす欺瞞や騙《かた》り＝語りがいかに親密さを装って介入してきても、「真に」あることを見捨ててはなりません。

　知的資本Yは、日本の文化資本として「真に」述語的に存在し続けているものです。

　知的資本のビジネス活用は、一九九一年ごろから論じられて、三十年をこえ今日までかなりの数の知的資本論が知識マネジメントとともに論じられており、ほぼ欧米のビジネス界では常識になっています。総論的なガイドも

＊The Routledge Companion to Intellectual Capital(2017)
＊Research Handbook on Intellectual Capital and Business (Edward Elgar Pub,2023)

などに集約されています。マネジメントにおける知的な高度化はそれなりに進んでいますが、大学言説の次元内での進化であって、知の転換ではない。

日本でも何冊か刊行されていますが、知識や知能の作用の仕方であって、知的状況は相変わらず低次元でなされているにすぎない。大学人知性が低下しているゆえ、ビジネス界・出版界においても、同じ停滞状況になっている。一言で言うと、文化資本が欠落して、社会関係資本／社会共通資本の「社会」言説レベルで、誤魔化されている状況です。

一九九七年の Thomas A. Stewart による Intellectual Capital(Doubleday Business 1997) は、知的資本 IC は無料だという粗末なものですが、富を創造すべくビジネス内での主要な知的資産を指し、企業組織内でそれを活用することでイノベーションがなされ生産性は上がる、と当然のことを論じたもの。知識は自然資源より価値があり力がある。知的資本とは、富を生み出す物質的知識、情報、知的財産、経験である、それは集団的な脳パワー brainpower だ。かつては人的資本だと人格化されていたものが、知識次元でのイノベーションで変じていくとされています。産業時代はすぎゆき知識時代になっているというドラッカーの延長上の議論です。知的資本は、以後、人的資本、構造的資本、関係的資本の三つの共通要素から論じられていく。ついで、「富」は「価値」へと転じられ、価値創造とされ、有益な生産物とサービスを創造することへ集中化され、社会にも貢献し、環境を破壊しないこととされ、社会的・環境的価値が経済価値と結びつく有用性が知的資本 IC とされる。さらに第三次として「ホリスティック・マネジメント・メソドロジー」が提起され会社全体の紐帯に知的資本が配置されるとされ、競争優位性と経済価値を発展させるべく諸資源の結合の相互行為がなされることとされました。コンピュータや AI が、二〇〇〇年を挟んで急激に変化していくことで、ビジネスにおける知のインテリジェンスの意味が前面に出てくる。なぜ IC が重要かではなく、触知し得ない IC をいかに測定し、理論化し、リサーチし、適用するかの検討がなされ、Journal of Intellectual Capital が創刊されていく。マネジメント・コントロール、パブリック・リレーションの目的、財務計算、ICワークなどにおいて吟味されます。第四次では、エコ・システムとして社会的・環境的な外在環境がいかに組織に影響するかが組織を超えて検証される。第五次において、投資家、顧客、社会、環境に価値をもたらすという狭いICから、日々の生活における全ての人たちに関わる概念としてICをマネジメントすることだとされ、わが友ボルタンスキーの正当化論や資本主義論などを加味すべきだと先のRoutledge本の二〇一七年時点ではようやくなっていますが、その正当化理論は一九八七年に書かれたものです。いかに、欧米でもマネジメント論が知的に遅れているかです。ブルデュー理論を使ったマネジメント論も出ていますが、このICマネジメント論者たちはそこへ至っていません。経済は測定可能なものだとするX次元から脱せていないゆえ、文化資本が考察されていない。

　総論的なガイドで取り上げられている対象やテーマは、知の界としては平凡なものですが、<intangible>なものから経済利益をあげようとするそれらさえ日本ではマネジメントの自覚に乗せられていない。私は、飛島章さんの飛島建設、福原義春さんの資生堂、小林陽太郎さんの富士ゼロックスをコアにして、都市・建築研究、文化資本研究、さらに他社とデザイン文化技術研究など、知的資本の活用をなす協働研究生産を遂行してきましたが、大学言説／近代知からの脱出が常に根源的な課題として浮上してきた。知的資本Yはそこから見出されたものです。

　私が本書で述べたような知の言説の問題が、諸企業に織り込まれていくのは時間の問題でしかないと言えるのも、知的言説が高度になれば、既存の近代エピステーメやその概念空間では、実際現実に立ち向かえないことが不可避に了解され、文化資本の取り込みが自ずとなされ、資本とは富や価値を生み出すものだという稚拙な認識論的水準を脱するであろうからです。

　知的資本の重要性に関しては、某企業で幹部の方々に、折しもコロナ禍が始まった頃でしたが、会長の要望の下で二年の何度にもわたるレクチャーで論じましたが、このケースで領有されなかったのも、既存の知的資本Xさえ自己省察されていないままであるためでした。社長の主観的な恣意的経営で企業総体が動いているにすぎない、その潜在する知的資本／情緒資本を適切に対象化して、然るべきマネジメントに活かすには、日本の文化資本の原理を盛り込んで活用すべきことを多岐に渡って語ったのですが、商品・サービス経済の壁は厚いことを再び突きつけられました。それを支える大学言説の知的思考は膠着しているという確証です。この報告は『新しい資本主義と企業／暮らしのイノベーション：資本経済と市場／知の転換』(知の新書) としてまとめてあります。実際には、その個別企業の事業に即して論じたのであって、一般論をレクチャーしたのではないのですが、資本経済の知的資本の基本構成を明示しているものです。

リオタールさえ指摘したように、国家は秩序を守ることだが資本主義は自由である。なのに放置しておくと無政府状態になると、経済規則統治を社会主義的になしている日本です。いやアメリカでさえ日本製鉄によるUSスチールの買収決定がバイデン大統領に託されるといった権力政治状態に置かれます。知的資本が低いから政治委託になる。世界水準で、ビジネスにおける知的資本の水準は、あまりに粗末です。ゆえ、イーロン・マスクのような経済人物が勝ち組として横行しうる。USAの企業幹部は六〇%が大学院出ですが、日本はわずか六%です。大卒知性で経済マネジメントはどうなってしまうか・・・明らかな衰退への不安を国民は感じ、消費行動を抑制し、経済活動は既存の社会経済のまま逆生産へと進んでいます。

【あとがき】本書は、ほんの入門書です。文献もほんのさわりとなる一部しかあげていません。私の書庫には洋書含め一万冊以上の書がある。必要だと手に入れたものですが読破不可能です。『知的資本論』は二〇二四年五月には脱稿し、求められた出版社に渡してあるのに、未だ刊行されない。他方で、実際のプロジェクト場面において、知的資本をめぐる壁に当事者たちがつきあたっていく。そこに「変換の知的資本」が見えていなかった対象として浮き出してきました。私の理論を使っている方達から急ぎ対応を求められている状況のため「序説」を上梓しましたが、しかし、結論のモメントには時間が必要であり、性急さは自らを罠に追い込みかねない自覚をもって、もっと考えねばならない。基本叙述は本論にあるゆえ、同時に読まれることを望みます。(二五年二月記)

山本 哲士（やまもと てつじ）

1948年生まれ。信州大学教授、東京芸術大学客員教授をへて、文化科学高等研究院ジェネラル・ディレクター。教育学博士。政治社会学、ホスピタリティ環境学など専門分割領域にとらわれない超領域的専門研究の研究生産と文化生産を切り開いてきた。大学を超える研究生産機関として文化科学高等研究院を1990年に設立、海外の研究者たちと交通し、国際セミナー／会議をなす。さらにその超領域的学問の実際活用をなす文化生産ビジネス機関としてJapan Hospitality Academy を設立（2005年創設、2013年に改組）、そして2016年にweb intelligence universityの動画配信知的システムを、2017年「文化資本学会」を創設し、2019年「一般財団法人・日本国際高等学術会議」を設立し、さらに「新資本経済学会」を設立。著書、編集・監修、雑誌の書籍生産物は、200点を超える（『聖諦の月あかり』参照）。

＊山本哲士の理論体系 https://tetsusanjin.wixsite.com/my-dogs
＊ web intelligence university web-uni.com
＊日本国際高等学術会議・文化資本学会
https://www.japanculturalcapital-gakkai.com
＊文化科学高等研究院出版局 ehescjapan.com https://bookehesc.base.shop

知の新書 C03　Act2: 発売 読書人

山本哲士
知的資本論序説
変換の知的資本　大学言説の限界

発行日　2025年3月7日　初版一刷発行
発行　㈱文化科学高等研究院出版局
東京都港区高輪 4-10-31 品川 PR-530号
郵便番号 108-0074
TEL 03-3580-7784　FAX 050-3383-4106
ホームページ　https://www.ehescjapan.com
https://www.ehescbook.store

発売　読書人

印刷・製本　中央精版印刷

ISBN 978-4-924671-88-1
C0010

Ecole des Hautes Etudes en Sciences Culturelles(EHESC)